一路向上

——从代理人到经理人的30级阶梯

孙铁男 著

黑龙江人民出版社

图书在版编目（CIP）数据

一路向上：从代理人到经理人的30级阶梯 / 孙铁男著 .-- 哈尔滨：黑龙江人民出版社，2019.3

ISBN 978-7-207-11815-8

Ⅰ . ①一… Ⅱ . ①孙… Ⅲ . ①保险代理Ⅳ . ① F840.45

中国版本图书馆 CIP 数据核字 (2019) 第 048534 号

责任编辑：姜新宇
封面设计：白　伟
插　　图：郑少丹

一路向上——从代理人到经理人的30级阶梯

孙铁男　著

出版发行　黑龙江人民出版社
地址　哈尔滨市南岗区宣庆小区1号楼（150008）
网址　www.hljrmcbs.com
印　　刷　涞水建良印刷有限公司
开　　本　787×1092　1/16
印　　张　10.75
字　　数　110千字
版次印次　2019年4月第1版　2021年6月第2次印刷
书　　号　ISBN 978-7-207-11815-8
定　　价　40.00元

保险业的发展不仅给代理人创造了发展事业的机会，也给了经营管理者施展才华的舞台，使每个人都能在服务社会、服务客户的同时，去努力实现梦想！

——孙铁男

序

保险老将的新贡献

王宪章

欣闻孙铁男的这本《一路向上》出版，我为他感到高兴。这本书是他对从事保险业三十五年所见、所闻、所感的总结，我觉得很有价值，并且我也是他保险职业生涯中一路向上的见证人。

孙铁男是军人出身，他的身上永远保持着军人忠诚、刚毅、坚忍的本色。他的保险生涯起步于油城大庆，可以说一开始就遭遇了挑战。当时国人对保险的了解一片空白，而大庆人几乎所有的开支都由国家承担，他们认为根本不需要保险。但是孙铁男凭着自己的认真、执着，硬是将保险送到一个个石油职工家庭，并且创造了当时的全国个人保费纪录，称得上是一个奇迹。后来，他被总公司派去日本学习，并且成为中国人寿第一批巡回讲师团的四名讲师之一。

就像他的名字一样，孙铁男的身上有一种大庆的“铁人”精神，不惧困难、勇于挑战、一往无前。正是这种精神，让他在保险事业中一路向上，带领的三家省公司都创造了很好的业绩，其中很多工作都是开创性的。

中国人寿的第一家财产险公司，就是他在黑龙江负责筹建的。当时条件非常艰苦，天寒地冻，工作生活都很不方便。他以逢山开路、遇水架桥的勇气与魄力，带领一班人克服重重困难，仅仅用了四十多天就完成了通常需要三到六个月的筹建工作，为此后其他机构的建设做出了很好的榜样。

后来，他进入中国人保，相继担任了黑龙江、山东、河北三家省公司的总经理。无论是激流勇进，还是临危受命，他都以极大的热情、高度的责任心和永不退缩的精神带领数以万计的保险人不断超越，开创事业的新高度。

生活中，孙铁男是一个很包容、很随和的人。他善于学习、善于思考、善于总结，这些优点让他不断进步、与时俱进，三十多年来始终站在中国保险业最前沿。军人的刚毅、铁人的奋进、保险人的温情在他身上完美地结合，这也是他三十多年职业生涯中一路向上的基因。

2018 年正好是中国改革开放四十周年，孙铁男从事保险事业已经三十五年，他是中国保险业发展的重要参与者和见证者。他的经历和业绩，放眼全行业亦不多见。今天，他将自己从业三十多年的见闻、心得与体验凝练成这本书，这是他对中国保险业的一个新贡献。我相信这本书对于保险界同人，特别是对于广大基层管理者，一定会大有裨益。

我衷心希望孙铁男这位保险老将能够永不止步，不断结出新的硕果；也希望这本书能够帮助更多后来者在保险事业中一路向上！

（王宪章：中国人寿保险集团前总经理，中国保险行业协会首任会长。）

自序

艰辛与荣耀

保险是一项美好的事业，保险代理人从事的是一个高尚的职业。在发达国家，保险代理人是许多企业和家庭必不可少的理财顾问，倍受信任和尊重。

诚信乃立业之本。保险卖的是未来，无法进行体验，客户买保险首先是基于一份信任。然而，由于中国保险业的历史比较短，早期从业的门槛比较低，从业人员的专业度也不够，造成了中国保险业整体形象与其价值严重不符，社会评价与“高尚事业”相去甚远。有的代理人签单的时候很积极，遇到理赔却不及时处理，甚至闹到客户打官司；也有的代理人进行误导和夸大宣传，导致客户得不到期望中的理赔；还有很多代理人流失了，使客户得不到应有的服务。

从企业方面而言，这些年营销队伍迅速扩张，但是普遍感到团队好建不好管，要建立一支正规军难度很大。

现在很多保险公司的经营效果看起来很不错，开发的产品、渠道、客户层次也很好，但是到了最后核算发现效益并不理想，与服务经济社会的目标差距还很大。

上述现象归纳起来，就是中国保险业长期存在的四大困惑：高尚的事业为什么不高尚？诚信的行业为什么不诚信？机构队伍为何好建不好带？公司为何经营有效果，核算无效益？

这四个问题是相辅相成的。这些现象的存在，既有体制的原因，也有主体服务理念的原因，更有个人的原因。在我看来，中国保险业至今还没有完全形成一个专业的体系，对专业化人才的培养及系统管理等方面的制度还不够完善。

目前，大多数管理者依然停留在“有人就有业绩，有业绩就有成绩，有成绩就有政绩”的经营逻辑上。基于这一逻辑，通常一名业绩不错的代理人从一家公司跳槽到另一家公司立即可以升职为主管，即便他们没有任何管理经验；再跳，又再升职。这样带出来的团队先天基因就存在问题。

近年来，中国保险监管部门、保险企业高层普遍意识到这些问题，对从业者的筛选越来越严格，并加大了对主体管理者和代理人的培训力度。有些公司还建立了问责机制。同时，国家大力提倡让保险回归保障功能，监管机制也在进一步完善。

保险作为一项利国利民的高尚事业，即使暂时有这样那样的困难，只要方向是对的，它的前景一定是美好的。而要解除以上四大困惑，必须提升从业人员的整体素质，不仅需要“优术”，更需要“弘道”。一个保险代理人，除了勤奋，至少要做到诚信与专业。而作为职业经理人，更应该从经营哲学的高度来认识行业价值和自我价值，发挥好保险的社会功能，助力国家建设，服务大众民生。

从代理人到职业经理人，充满了艰辛，也承载着荣耀。本书试图从心态、言行、能力、意志、综合素养五个方面谈一谈从代理人到职业经理人的成长，希望对同业者有所帮助。限于个人水平，还望得到各位同人指正。

最后，本书的出版要特别感谢保博士平台及其创始人冯世博的大力支持，感谢资深保险媒体人李墨的大力协助。

孙铁男

2019 年 2 月

目录

Contents

修业篇　练就专业能力

修炼篇　磨炼坚强意志

修养篇　提高综合素养

引子

从代理人到经理人的角色定位

保险经营机构大致可分为三个层次，即总公司、省公司和基层公司。

总公司是负责宏观布局、产品设计，包括各种资源的筹集和提取。掌握中国经济的规律、行业规律和企业发展方向，这些宏观层面都由总公司来负责。

省公司主要是负责营销队伍建设、规划具体任务、制定业绩目标和营销方案。培养一支信念坚定、诚实守信的团队是不容易的，这不仅要有合理的纪律约束，还要求团队有很高的政治觉悟。

基层公司就是具体管理营业部，负责执行上级下达的方案，带领团队努力实现目标，完成任务。

省、市、县三级机构的服务能力关乎公司整体经营水平。具体来讲，省公司要在服务层次上不断提升，以保障机构政策执行及时；市公司要在服务能力上不断提升，以支持团队需要为标准；县公司要在服务客户上不断提升，以不同渠道团队拓展为目标，增强部门内部的凝聚力和向心力，促进机构各项工作向前发展。

再来看人员结构。笼统地讲，保险公司的人员构成可以分为内勤和外勤两大类。从层级上讲，大体可以分为职业经理人（高、中层领导），基层管理者（总监、经理），以及代理人三个层面。

各个层级如何进行角色定位呢？我是当兵出身，我觉得这个层级结构大致可以与军队对应，分为“帅”“将”和“兵”。

总公司领导是“帅”，负责掌握市场和企业运作的“规律”，对公司经营进行宏观布局；省、市公司领导是“将”，负责制定队伍的“纪律”，在日常经营中进行中观议策；而基层公司的领导是“兵”，负责具体的日常管理，执行队伍的“铁律”，进行微观工作。

这其中，保险代理人是公司的主体，占了人力的绝大多数，是公司收益和利润的直接创造者。而职业经理人则是公司运作的主导者，把握公司发展方向，制定公司的各项政策并推动落实。位于中间的总监、经理们承上启下，他们基本是从绩优代理人转型而来，个人业务逐渐减少，主要精力放在团队管理上。他们中的部分优秀者，可能进一步升任职业经理人。

职业经理人是以经营管理为职责，具备一定职业素质和职业能力，并掌握企业经营权的群体。他们运用经营管理知识和经验，独立地对一个经济组织（或一个部门）开展经营或进行管理。

代理人与经理人一字之别，差异很大，距离又很近。由于我国保险业发展历史很短，专业的管理人才还比较稀缺，可以说大多数职业经理人都是从代理人转型而来的。我也是其中的一员。

1992年，美国友邦保险公司把寿险代理人制度引入中国，由此缔造出众多优秀的保险精英，让无数平凡的人实现了绚丽的人生梦想。

数百万寿险代理人推动了中国保险业的繁荣，快速发展的中国保险业也需要更多优秀的管理人才，于是许多优秀代理人又顺理成章地转型为职业经理人。

从优秀代理人转型职业经理人，由于拥有丰富的市场打拼经验，了解客户需求，对于推动营销有着天然的优势。

然而，代理人转型为经理人又并非是天然的。由于特殊的制度设计，出色的寿险代理人和团队管理者拥有丰厚的收入，甚至远远超过职位高于他们的中高层管理人员。因此不少业绩突出的代理人并不愿意“升官”，而更乐意埋头去签保单。当然，更多优秀的代理人还是愿意尝试新的挑战，从代理人转型经理人，可以在更高的平台上实现新的人生价值。

同样，由代理人转型经理人也并非天然就能够成功。虽然对代理人的专业度要求比较高，但是工作相对单纯；而经理人作为管理者，涉及的面相当宽泛，要经过长时间的磨炼与考验。如果以水来比喻，代理人是静水深流，经理人则波澜壮阔。

当一名合格员工就要有勤奋开拓的意识，当一名好管理者就要勇于担当，当一名好干部就要为员工谋福祉。

没有一支好的队伍，就无法聚集高素质的客户群体，无法取得良好的销售业绩。一个好的保险代理人，不仅要为客户提供优质服务，而且要提供高附加价值的服务。而团队长的思想、能力与修为，对团队的成功起到决定性的作用。代理人转型经理人，必须持续学习和进行自我修炼。

保险人的成长之道，在于立志、修身和创业。我们可以用这个公式来表示——

立志是魂，立志要立思想，思想＝格局＋觉悟；
修身是本，修身先修作风，作风＝品质＋态度；
创业是根，创业需要精神，精神＝责任＋勤奋。

从代理人到经理人角色的转换，有汗水，也有掌声；有苦涩，也有鲜花；有失意，也有荣耀。这是一条艰辛之路，也是一条光荣之路！

修心篇 培养良好心态

《庄子·田子方》：“夫子德配天地，而犹假至言以修心。古之君子，孰能脱焉？”《魏书·释老志》：“故其始修心，则依佛、法、僧。”

修养心性，是一个人对待人生、事业、生活的态度和观念。修心是行动的出发点，也最终决定其结果。

保险在中国依然算是一个新兴行业，也是有着广阔发展前景的朝阳行业。一方面，正处在空前的发展机遇期；另一方面，又面临着重大转型。面对机遇与挑战、困顿与迷茫，我们需要通过心性的修养，保持对自我和客观世界的正确认知。

一

强烈的责任意识

一个健全的心态比一百种智慧更有力量。作为一名团队领导，一定要有一种责任者的心态，要敢于“挑最重的担子、啃最硬的骨头”。

做人做事的成与败，态度是根本。无论生活还是事业，总有失败或困顿的时候，但能始终以敬业之心、以孜孜不倦的态度顽强坚持者，才会最终成就事业、成就自己。

保险是人类一项伟大的发明，是国家经济的稳定器。上到高端客户，下到普通老百姓，都需要通过保险来进行规划，降低人生风险造成的损失。这种特殊性，决定了保险经营要把对风险的控制放在首位。这也意味着保险职业经理人肩负着巨大的责任，在给自己的职业进行定位时，首先要有强烈的责任意识。你是一名责任承担者，要对公司负责，要对客户负责，要对团队伙伴负责，同时也要对社会负责，哪一方都不能出现偏差和纰漏。否则，既可能祸害他人，也可能葬送自己的职业前程。从2008年中国乳品行业的三聚氰胺事件，到2018年中国药品行业的有害疫苗事件，都有惨痛的教训。

曾经有一家培训公司提出这样的经营理念：培训行业应该有比食品和药品更高的行业标准。因为教育一个人会影响一群人，甚至一代代的人，它的影响面比食品和药品更广。我要为这家公司点赞。同样，保险业中的偏差和纰漏可能不至于直接害人，但是若该赔的没有赔，也可能间接害人。这些年，保险行业一部分经营管理者由于不正确的政绩观导致公司出现重大问题，员工跟着遭殃的现象时有发生。

一个健全的心态比一百种智慧更有力量。作为一名团队领导，一定要有一种责任者的心态，要敢于“挑最重的担子、啃最硬的骨头”。

无论哪一级领导，都需要强烈的责任感和事业心。在工作中一定要严于律己、身先士卒；言必信，行必果。这样才能上行下效、团结一致、一往无前，取得好的成绩。要做到这一点，需要平时有良好的纪律和约束力。凡事要从细节抓起，因为细节决定成败。一支没有纪律的队伍注定是一盘散沙。

保险业是经济领域的重要行业，也是国家保障体系中不可替代的平衡器。保险职业经理人，一定要有很高的政治觉悟，比如说，国家出台了134号文件，管理者就要主动学习、充分领悟文件精神，这样才能准确地把握政策。自己学完后，还要组织团队学习。很多营业部经理很少思考行业规则和发展方向，大部分都是以完成公司下达的任务为工作唯一目标。如果公司业务以签单为第一目的而缺少利他精神，很少去设身处地为客户着想，那么业务很难持续发展。

职业经理人要对自己的事业有坚定的信念，一定要相信这个行业，相信自己的公司，对职业充满自豪感。这种信念无形中会让下属进一步对公司产生信赖，从而信心百倍地投入工作。相反，如果一名职业经理人对保险事业缺乏信仰，也不认可自己的公司，甚至经常抱怨，这种情绪有意无意地流露出来，自然会影响到员工。可想而知，他的团队会是一种什么样的状态。

一个经理人，一定要有大局观。作为一个领导者，你的任何言行都可能被放大和扩散，容易造成曲解和不良影响，因此我们的一言一行都要特别留意。如果有不同的看法和情绪，一定要向上反映，不能随意泄私愤。我们要始终保持积极、热情、自信，并以此去感染员工。

从管理逻辑上讲，代理人是服务客户的，内勤是服务外勤的，领导是服务下属的。作为一名领导，一旦选择了这个岗位就要全力以赴。你所考虑的问题，不仅是个人利益和自己的团队利益，更要服从公司的整体利益，甚至还要服务于社会。对于国家的扶贫、环保、税收等政策要积极响应，有条件的还要带领团队积极参与各种公益事业。保险公司有成千上万名业务员，他们在为社会服务的同时也提升了公司形象，本身也是一个好的宣传。

一名职业经理人不仅要清楚公司的业绩目标，也要清楚公司所有的管理人员。有些经理人过于看重现实利益，不能产生经济效益的事不干，不能带来保费的活动基本不参与，这是缺少格局的表现。

任何一家公司，无论是国有企业、股份制企业，还是私营企业，从本质上讲都是社会的企业。它的人员来自社会，客户来自社会，利润来自社会，创造的财富最终也走向社会。所以，不管你表面上给谁打工，一个职业经理人归根结底都是在社会上实现自我价值。

我们庆幸投身于保险这个生机勃勃的朝阳行业，有很多机会能够外出旅游、交流、学习，事实上这也是许多人选择从事保险的重要原因。可以获得荣誉，结识很多朋友，开眼界，见世面。

很多人喜欢运动，他可能一辈子也成不了运动员，更不可能去参加奥运会；很多人喜欢唱歌，但是永远只能做春晚的观众而成不了演员。保险不一样，只要你勤奋努力，找对方法，几乎人人都可以获得成功。很多平凡的人从丑小鸭变成了白天鹅，还有机会走出国门，去参加世界华人保险大会，参加 MDRT（百万圆桌会议）这样全球保险界的顶级盛会。不但能收获荣誉，还拓宽了眼界。

作为职业经理人，我们有更多机会开阔自己的视野。但是我们不能只是去观光游玩，更应该带着问题去，带着目标去，这样才能够对你的工作有所启发，对你的团队有所帮助。同样是外出，我们应该看到比代理人更多的东西，回来之后能够分享一些他们所看不到、想不到的东西，这才能体现经理人的价值。

作为经理人，你每时每刻都要比员工站得高，看得远，想得多！

二

明确自己的职业身份

作为领导者，应该站在比普通员工更高的位置，有比普通员工更宽的视野和格局。只有站得高，才能看得远，看得真切，避免一叶障目。

一名保险代理人，一定要勤奋、专业、诚信，为客户负责任，对客户有爱心。

作为代理人团队的管理者——保险职业经理人，职业对其有更多的要求。我们可以用“四个清楚”“五个增强”来概括。“四个清楚”是指清楚自己的工作范畴与工作目标；“五个增强”是指增强职业经理人的职业化意识。

（一）四个清楚

一是清楚岗位职责。要求了解党的方针、政策、工作原则。

一个代理人的业绩好了，公司就会让他做组织发展，或者直接交给他一支团队。原因很简单：第一，你的成功本身就是一种强大的号召力；第二，希望你把成功的经验教给团队成员，复制更多的成功。

你究竟是继续做一位业绩出众的代理人，还是做一位有担当精神愿意为团队付出的职业经理人，一定要考虑清楚才能找准定位。

二是清楚角色职能。职业经理人一定要清楚自己的岗位职责和角色职能。作为团队领导，你不再是一位冲锋陷阵的一线业务员，你的职责和时间不允许过多地去从事个人业务。有些人从优秀代理人转型为职业经理人，总是舍弃不下自己的个人业务，实际上是得不偿失。要知道，在你把时间和精力消耗在个人业务上时，你的团队正在遭受损失。如果你有很强的业务能力，或者有很好的客户资源，那么请把这些技能教给团队，把你的资源进行整合、分配。与其把过多的时间消耗在个人业务上，不如复制出一群精兵强将。

三是清楚服务对象。从代理人到职业经理人，你的服务对象也发生了改变，从服务客户变成了服务团队内部。“一线服务客户，内勤服务外勤，上级服务下级”，这是公司运作的基本逻辑。团队管理者要把时间和精力用在团队成员和下属身上，用专业知识去引导、培训团队伙伴。

四是清楚工作目标。将年度、季度、月份目标落实到实践中去。团队管理者一定要清楚自己的目标。这个目标是你领导的整个机构或者营业部的目标，比之个人目标放大了许多倍。这就是一位职业经理人肩负的责任和使命。清楚目标不只是清楚一个数字，所谓的清楚，一定是对目标进行详细分析、具体分解，再制定具体可行的执行方案，并不断督促目标的执行。如果目标完不成，不要责怪哪些部门或者哪些人，你才是第一责任人。这就像一支足球队，如果球踢输了，首要责任在教练，而不是某一位球员。要么是平时训练不到位，要么是制定的战术或临场指挥出了问题。当然，如果赢了，最大的功劳也归教练。

保险业也一样，职业经理人既享受荣誉，也要承担责任。如果没有达成目标，要组织团队认真查找原因，必要时还要重新制定方案。

（二）五个增强

一是增强使命感。作为领导者，当站在服务全局角度看基层时，就会切切实实地体会到一线人员日夜奔波去展业多么需要我们耐心解答他们的问题，全心全意地帮助他们解决所遇到的困难，满腔热情地为基层团队服务，不断提高服务质量、办事效率和服务水平。

二是增强责任感。市场考验企业，工作考验岗位，组织考验干部，所以职业经理人必须跟上总公司发展步伐及各阶段要求，增强服务意识、责任意识和大局意识。需深知基层工作的辛苦，要时时、事事、处处做到换位思考，站在一线发展的角度去分析、解决一线人员提出的问题、遇到的困难，配合团队促发展。

三是增强紧迫感。作为团队领导，如果没有树立起“心系基层、服务发展”的良好意识和部门风气，不能够与时俱进地转变传统观念，必然心情焦虑、工作浮躁，导致工作被动。我们只有真正做到思想上重视作风建设，感情上贴近一线发展，行动上深入研究，工作上扎扎实实，增强转变工作作风的紧迫感，才能得到组织的信任和群众的拥护，才能履行好岗位职责。

四是增强危机感。随着公司不断发展壮大，必定会出现种种问题，这就要求我们更加严谨、更加高标准打牢基础。只有细致周到地将每一项工作做细、做实，不断提高办公效率和工作质量，才能让基层满意；否则会阻碍发展，导致经营危机。

五是增强荣誉感。保险是一个特别重视创造业绩的行业。作为领导者，既要维护公司的利益，也要塑造良好的公司形象，所以我们一定要有强烈的荣誉感，并激励整个团队不断努力，齐心协力去赢得荣誉。

作为一位领导者，应该站在比普通员工更高的位置来看待问题，只有站得高，才能看得远，看得真切。

三

树立正确的生活态度

一个人不论处在什么位置，都应该保持一颗平常心，享受平凡的生活才是最真、最好的。但在原则问题上，我们一定要旗帜鲜明，一定要保持正能量。

现在企业的管理人员，因为工作压力和个人欲望，整天处于焦虑、忧郁、忙碌之中。试想，如果领导都这样，员工的情绪会好吗？公司发展会好吗？

一个人要活得健康，活得充实，活得积极而阳光，物质生活固然重要，但是欲望无止境，与其追求奢华的生活，不如丰富自己的内心世界。我们应该抽一些时间来培养一些好的兴趣和爱好，增加生活的情趣，愉悦自己的心灵。

职业经理人要有正确的人生态度。我觉得，一个人不论处在什么位置，都应该保持一颗平凡的心，享受平凡的生活才是最真、最好的。但是在原则问题上，我们一定要旗帜鲜明，一定要保持正能量。从职业经理人的角度来讲，就是要体现自己的政治修养和政治觉悟。

要善于在工作和生活之间找到一个平衡点，不要把工作上的压力带回家。要留出休整的空间：与他人交谈倾诉、阅读、冥想……在工作之外可以培养一种有益身心的兴趣爱好，并养成良好的生活习惯，持之以恒地用你喜爱的方式逐渐体会它对你身心的裨益。

一个人平时的生活习惯必定会影响到工作。现在很多人的业余生活就是打牌、喝酒，这是一些很不好的习惯。如果领导这么做，上行下效，你的行为肯定会影响到你的团队。一个充满正气的领导，他的团队才能风清气正。

古人说“一屋不扫，何以扫天下？”可是现在社会上有句玩笑话，说“领导亲自吃饭，领导亲自上厕所”，这是对某种领导事事依赖下属的讽刺。确实有些领导，芝麻小官，却喜欢养尊处优，甚至被人伺候到生活都不能“自理”。这种领导多半后来都会出问题。

良好的生活习惯是一个职业经理人需要养成的，当你觉得一切变得很简单，你就能更好地适应环境。

我从十八岁离家去当兵开始独立生活，在部队养成了很多好的习惯。这些好的习惯让我受用一生。成家以后，我也坚持自己洗衣服。我喜欢干净，我经常跟各办公室的人员强调，要把自己的桌面清理干净，弄得乱七八糟的看着不舒服，办公桌井然有序才能心情愉悦。

身体是革命的本钱。要做好工作，快乐地生活，必须要有一个好的身体。这个道理人人都懂，但是能坚持去做并不容易。现在社会这么发达，诱惑也多，坚持锻炼身体也需要坚强的意志。

我平时坚持锻炼。比如户外游，每个周末只要没有工作安排，我就会和家人一起去户外游。如果在单位，周末我也会去徒步。早上我能走八公里，仅用一个来小时。很多人都不相信，我怎么能走这么快。其实这没有什么特别，这是长期坚持的结果。有时公司组织去西柏坡登山，还没走几步，很多年轻人就累得不行了，我却步履轻松。

其实，对于年轻人真不是体力问题，而是平时缺少锻炼。平时不锻炼哪能有一个好身体呢？有了好身体才能好好工作，才能创造物质财富和精神财富。

我的性格比较随和，喜欢保持自己真实的样子。我外出时经常随身带着一个布包，员工有时开玩笑说，这不符合老总的身份。但是我想，我就是提着一个镶金边的包走来走去，如果公司经营管理不好，员工怨声载道，大家会不会认为这是一个好老总呢？如果公司效益很好，同事们都过得很快乐，哪怕我提的包是破的，这又有什么关系呢？

可能是几十年养成的习惯，我一直喜欢简单朴素的生活，对吃穿住行都没有什么特别的要求。为了工作方便、节省时间，早餐咸菜馒头吃得很香，中午经常吃盒饭，晚上没有必要的安排都会回家吃饭。

我们经常到全国各地出差，下机构检查工作，我都是轻车简从，不论是普通招待所还是五星级宾馆都一样能住。我到河北分公司后，原来的办公室有一百二十平方米，我把它减到四十平方米，每天上班才觉得心安。

作为一名领导，不要给团队和别人带来麻烦。条件艰苦的时候要学会自己调节。我和基层员工在一起的时候，总是觉得很快活。当自己带领的团队通过努力奋斗取得优异成绩时，压力会在这一时刻得到释放。我会替他们开心，同时也觉得很欣慰。跟有思想的人在一起，跟自己很欣赏的领导在一起，交流一些好的思想和观念，会觉得非常愉悦，内心充实。

我们这一代职业经理人，大多是20世纪六七十年代出生的，我们的青少年时代生活条件很艰苦，但是我们充满了理想和斗志。今天的条件好了，生活当然也要与时俱进，但是不要搞得格格不入，我们本身都是普通人。

我在中央党校学习，去古田、遵义、延安这些革命老区参观考察，收获特别大。老一辈革命家在艰苦卓绝的环境中努力奋斗，他们为国家、为人民、为祖国所做出的牺牲更是直指我们的灵魂。这时候会觉得他们那么伟大，自己很渺小，做得远远不够。当你这样想的时候你会看开很多。如果都把自己的利益放在第一位，对社会、对组织、对事业、对同事就会漠不关心。当一个人认为自己做得最多、最有能耐、应该得到更多回报的时候，他做什么都不对劲，看什么都觉得不满，自己的本职工作都会觉得多余。这种不好的情绪就会产生负能量。

这几年国家倡导的“不忘初心，牢记使命”十分正确，非常必要。只有不忘初心，始终有一份使命感、责任心，才能让自己不犯错误，带领团队创造更好的未来。

四

修炼好自己的性格

一个代理人要成为一名优秀的团队长，有几个方面的因素：一是良好的教育，二是自身的格局，三是自身的目标感。

我们常说，性格即命运。一个人的性格决定了他的行事方式，相应地也决定了做事的结果。日积月累，自然就决定了一个人最终的成就与命运。

从事保险业也是如此。作为一个保险代理人，如果性子比较温和，却遇到一个急性子客户，想用几分钟就了解清楚你这个保险是怎么回事，结果代理人却讲了大半天，客户肯定不耐烦。相反，如果代理人是个急性子，客户是个慢性子，他肯定想详细地了解保险，可是代理人讲了一会儿自己就没耐心了，那就很难成交了。

人的性格大体上可分为三种：一种是比较温和，也就是性格特征不太明显，容易为他人所接纳，人际关系比较好。但是相对来讲比较缺乏主见，容易被他人牵着走。所以这种性格的人在生活与工作中大多是扮演随从、配合者的角色。

第二种是比较个性化，就是个性比较明显，甚至一看就知道，比如快人快语，做事风风火火。这种人比较有主见，相对来说也比较有能力，在生活和工作中多是扮演主导者的角色。但是由于他们个性太强，不太好与人合作，人际关系也不一定好。

还有一种性格介于前两者之间，相对比较中性，也就是复合型的性格。相对而言，复合型性格是最适合从事保险的。这种性格的人表达能力强、思想开阔，逻辑思维能力也很强，而且耐心、细心。

通过我多年在行业内的观察，确实有些性格比较适合做销售，有些性格适合做内勤，有些性格适合做领导。对于各种性格的人如何选择更合适的工作，以及针对各种性格的人如何进行管理，在管理学和心理学上都有研究。

对于性格决定命运，我深有体会，我的性格就决定了我的一生。

我从小就非常好强，责任感、荣誉感都非常强，做什么事情总是希望能做到最好。正是因为这种性格，在我从事保险业的第二年，就在经济并不发达的黑龙江年收保费超过一百万元，当时全国年收保费过百万的只有两个人。

另外，我在工作中喜欢把自己的观点、意愿表达得清楚直接，不喜欢拐弯抹角，也不会察言观色。这是我优秀的一面，同时也是我致命的一面。为什么这么说呢？当有人和你合作的时候，他就会想，这人的性格这么要强，处理问题的方式肯定也比较强硬，会不会不好合作？这就形成了合作障碍。当你的领导想用你的时候，他们也会有顾虑，这个人会不会不好驾驭？通过后来实际的工作接触，他们觉得我还是挺好合作的。但是如果我的性格更柔软一点，处理问题更委婉一点，也许会更好。

你的能力、你的性格、你的工作态度会决定你是否能成为一个优秀的团队长。一个代理人要成为一名优秀的团队长，有几个方面的因素：一是良好的教育，二是自身的格局，三是自身的目标感。一位优秀的团队长，不要计较一时的得失，而是要有长远眼光，看得清大的趋势。有很多人没有目标，只盯着眼前的业务，只是想挣一些钱。优秀的团队长不一样，他们想当经理，当了经理后，有了一定管理经验和成绩，又想当老总。

一位代理人，如果性格不好，可能会影响自己的业绩。如果通过一段时间证明自己不适合这份工作，也可以转岗。公司里外勤转内勤、内勤转外勤的现象比比皆是，其实很多都是性格所致。

俗话说，人上一百，形形色色。一个团队，百人百性，作为一名职业经理人，必须要顾及他人的感受，不能由着自己的性子来。除非你也去转岗，否则你就需要先修炼自己的性格，这样才能与各种人合作，最终成就团队，也成就自己。

有一位优秀的寿险总监，以前心直口快，对看不惯的人和现象喜欢批评。尽管自己工作很努力，对团队也很负责任，但是因为他的性格比较尖锐，大家都躲着他，遇到困难也不跟他说实情，导致在沟通和管理中出现障碍。随着团队越来越大，管理难度也不断加大，必须有更多的人来帮助自己，他意识到要让大家愿意接近他，于是尝试着改变自己的一些态度和方法。后来，他的性格变得逐渐温和起来，更懂得包容和尊重大家，对下属的批评少了、鼓励多了，而且很关心他们的生活与成长。下属对他的畏惧少了、尊重多了，沟通更顺畅了，团队气氛也轻松和谐了。因为他自身出色的业务和管理能力，大家都对他敬佩有加，有的称他是“良师益友”，有的说他“如父如兄”。现在他的团队已经发展得又大又好，他成了非常优秀的管理者。

性格的修炼是一个长期的过程，可以向优秀的人学习，也可以有意识地学习一些这方面的知识。只要你有改变的意志和决心，就可以达到目标，让自己更加完美！

五

管理好自己的情绪

一个真正有威望的领导，不是靠强硬的态度，而是靠一种无声胜有声的力量。

自我管理是保险从业者最重要的素质之一。自我管理对于职业经理人来说尤其重要，如果一位领导连自己都管理不好，如何能够带好团队？

由于保险营销的特殊性质，代理人没有固定的薪金，收入来源于个人佣金，这实际上相当于借公司的平台进行自主创业。这两年全行业都在说要做一名保险企业家，就是要不断强化自主经营意识。

自主经营的前提，就是良好的自我管理和行为的高度自律。

即便你有很强的业务能力，或者很好的客户资源，哪怕在一定的时间内业绩不错，但是如果没有很好的自我管理能力，肯定不可持续。我们看到那些业绩出众的代理人，都有很强的自我管理能力。一个自律的人，会让目标决定自己的行为。面对工作还是其他诱惑时，他能果断地专注在自己的目标上。

良好的自我管理，既需要个人有坚强的意志和品质，也需要培养好的生活、工作习惯和做事的方式方法。

自我管理的内在表现主要是情绪管理，外在表现包括时间管理、行为管理、学习管理，等等。而最重要的是情绪管理，如果内在的情绪管理不好，肯定会影响到外在的行为。

要锤炼自己的心理素质，练就一颗平常心，不以物喜，不以己悲。在工作取得成绩时不浮躁，在工作遇到挫折时不气馁。要从小事做起，脚踏实地，一步一个脚印，把小事做好，才能做大事。

遇到什么事情，一定要让自己尽快平静下来。在日常工作中如果遇到不开心的事，条件允许时请假休息一两天，调整一下心情，平复一下情绪，然后再轻装上阵，重新投入工作。但是如果约好了客户，又遇到心情不好，我们不能说改期或者再约，因为能约到客户已经相当不容易，机会有时错过就不再来了。所以我们还是要如约而至，并且一定要控制好自己的情绪。即使你内心翻江倒海，也要给客户展示出你的亲切、自信，甚至还要谈笑风生。如果你的表情郁闷、情绪低落，交谈的过程中心不在焉，可想而知客户会是什么心情，不但可能导致签单泡汤，甚至客户可能不会再见你。

对于职业经理人，自我情绪管理更加重要。你每天都要面对一个团队的人，你的情绪会影响到他们的反应。我们看到国家领导人在会见外宾的时候谈笑风生，在参加国际会议、发表演讲的时候坚定自信，在考察工作的时候认真而亲切，在国家遇到重大灾害和损失的时候沉着坚毅。任何时候，无论是喜是悲，无论取得成就还是面对问题，他们展现给国人的都是坚定、乐观和自信，这样才能给老百姓以信心。

在这方面，周总理堪称杰出典范。他无论面对任何复杂和困难的情况都能镇定从容、处惊不乱、大气沉稳，同时又和蔼可亲。无论是与领导干部，还是各行各业的普通群众，他都能相处得很好，完全没有距离感，赢得全民爱戴。我们没有周总理那么伟大、睿智，但是可以向他学习。

作为领导，要善于用自己的情绪去感染下属，而不是影响他们的心情和信心。遇到成绩要及时鼓励，加油打气；遇到问题要沉着冷静，积极应对，帮助下属一起分析原因，找出对策。有的领导沉不住气，可能当众就骂人，甚至是在大庭广众之下大发雷霆，这会让下属很难堪，挫伤他们的积极性，使他们因为害怕你的批评和处分与你保持距离，这样就会进一步远离问题的真相，问题依然无法解决。当然，领导者控制自己的情绪不是说面对问题不批评、不处理，而是要讲究方式方法，就是要处理好个人情绪与制度的关系。

《道德经》说："大音希声，大象无形。"一个真正有威望的领导，不是靠强硬的态度，而是靠一种无声胜有声的力量。但这不是说当领导就要不露声色，或者隐藏真实的自己。恰恰相反，很多好领导都是性情中人，经常会真情流露。比如团队取得了好的业绩，与大家一起庆祝，在年会上放声高歌等，这样会让大家觉得和你没有距离感。

领导在与下属和普通员工交往中一定要注意尺度，既不能高高在上、拿腔拿调，让人敬而远之；也不能过于随意，需要掌握分寸，否则不利于管理。

六

提升你的职场情商

高情商的人，都比较懂人性，理解别人的想法，知道如何相处能让别人感到舒适，并愿意接纳。

万达集团创始人王健林说，决定企业家成功的首要因素是情商。情商对于职场人士的事业成功至关重要。

这句话说得非常正确。正常的人智商大致都差不多，但是情商的差别却很大。我们看到很多聪明人，或者有一技之长的人，却没有取得太多的成就。而很多看上去很平凡，甚至很不起眼的人，最后却取得了很高的成就。历史上很多有才能的人，因为生不逢时而叹息怀才不遇。如果以现代人的眼光来看，这些怀才不遇者多半是输在情商上。

今天的社会有一种现象：曾经的一流学生通常给二流的学生打工，为他们创造财富。原因基本上也出在情商上。所谓一流的学生往往比较书生气，他们更愿意学习和工作，社交能力不强。二流的学生恰恰有很好的社交能力，能够左右逢源。在这里左右逢源并不是一个贬义词，说明他们能够应对各种环境，善于处理各种复杂的人际关系。现代社会分工合作越来越紧密，人与人之间的交往与协作非常重要，因此情商对于职场成功是至关重要的因素。

情商（EmotionalQuotient）通常是指情绪商数，简称EQ，主要是指人的情绪品质和对社会的适应能力。总的来讲，人与人之间的情商并无明显的先天差别，更多与后天的成长环境息息相关。从最简单的层次上下定义，提高情商是把不能控制情绪的部分变为可以控制，从而增强理解他人及与他人相处的能力。

为什么有的人晋升很快，而有的人长期得不到晋升？也许我们认为这是庸俗的官场哲学，其实这是一种误读。因为情商主要体现在对人性的理解，所以无论是官场、职场、生意场，甚至家庭关系、朋友关系都是对情商的考验。

高情商的人都比较懂人性，理解别人的想法，知道如何相处能让别人感到舒适，并且愿意接纳。

被称为“保险公主”的叶云燕，就是一个情商很高的人。她回馈客户的礼品总是和别人不一样，比如中秋节她不送月饼而是送水果，并且还附上小卡片写上水果特别的含义，比如送火龙果祝福客户生意红火。因为中秋节的时候很多人家里的礼品都是月饼，而与众不同的水果就容易被记住，何况还有那么好的寓意。

有一次叶云燕开新书发布会，邀请了她公司的老总参加。访谈的时候主持人邀请老总上台，这时叶云燕突然发现老总的姓名牌放在侧边，就在老总要落座的一瞬间，她赶紧把老总的姓名牌换到中间，并示意他往中间坐。虽然叶云燕是当天发布会的主角，但是她依然恰当地表现了对领导的尊重。

作为一名职业经理人，至少需要处理好三种职场关系。

一是公与私的关系：公私要分明，不能因私废公。因私废公首先是品德问题，其次可能造成严重的后果。我们很多民营企业都是家族企业，通常管理团队中有很多家族成员，这既有好的一面，也有不好的一面。好的一面是，因为血缘、亲缘关系，管理层会比较有凝聚力。不好的一面是，在这种企业中，经常会发生家族成员因为某些特殊情况与公司制度相冲突，导致管理困难，矛盾大的时候还会直接影响到公司经营。

我看到一个民营企业的管理制度中有这么一条：家族成员在企业中没有任何特权，如果有，只有比别人付出更多的权利，家庭的情感体现在工作以外。也就是说，亲情是家庭内部的事，不能通过工作中的照顾来体现。我很欣赏这个管理理念。经理人不是企业所有者，更应该严格遵守公私分明的原则。你对他的帮助应该体现在工作以外，如果动用职权介入私人关系，最终会出问题。

二是情与理的关系：感情服从理性，理性服从法纪。领导者当然也有七情六欲，但是一定要清楚你的工作和权力是职业赋予的，是职务行为，千万不可滥用。这些年，很多领导者出事都是被个人情感所左右，以至于在工作中失去了原则、丧失了理性，甚至最后滑到违法犯罪的深渊。

三是内与外的关系：内外有别，对己严，对人宽，正人先正己，律己方能律人。所谓的内外有别，首先是对自己的要求，其次是对身边人的要求，包括你的亲属，你身边的工作人员，如秘书、助理、司机、办公室主任等，因为这些人会直接影响到自己的倾向和判断，也容易影响到下面的人。如果不严格要求，他们就可能以你的代言人自居，最终会影响到公司经营和自己的职业前程。

除了处理好以上三种关系，在职场中还有一些做法是需要避免的，比如下面的两种做法，更是领导者要特别注意的。

第一种是端架子、摆资格。在职场中，不能把职务和资历混为一谈，更不能把年龄和地位混为一谈。单位的本质是按职务排序，那些对年长者的尊重是一种礼节，也可以说是一种美德。但是礼节归礼节，工作归工作。那些年龄大、资历深的人员一定要有自知之明，不能在年轻人面前摆资格。事实上，现在的职场正在走向年轻化，年轻人的很多思想、做法都比年长者更有优势。当然，年长者、资深者也有自己的优势，年轻人除了态度上谦恭，在工作上也应该充分尊重他们的意见。

作为一名领导者，要尊重公司里的资深员工。不要随意用权力去管理，这些员工有丰富的工作经验，在公司里有很深的人脉，用好了是一笔宝贵的财富，能在管理上助自己一臂之力，帮助你解决很多问题。如果使用不好，也可能会适得其反，处处掣肘，成为工作中的阻力。

第二种是不要把自己的工作安排给别人。工作是你的职责、你的权利，也是你的义务，更是你立足单位的基础。把属于自己的工作推给别人，不是聪明，而是愚蠢。有些领导喜欢把自己的工作安排给下属去做，这实际上是一种推诿，也是一种逃避。他们可能做了，但是心里是抗拒的，会对你的能力产生怀疑。

另外，吃人家的嘴软，拿人家的手短。你把不属于他的职责安排给他，无形中就欠了他的人情，今后他若提出什么要求，你不好拒绝，这样就不便于管理。所以，一个领导者，该自己做的工作一定要自己做，同时要努力提高自己的工作能力。

修身篇 保持美好言行

《礼记·大学》："古之欲明明德于天下者，先治其国；欲治其国者，先齐其家；欲齐其家者，先修其身；欲修其身者，先正其心；……心正而后身修，身修而后家齐，家齐而后国治，国治而后天下平。"

中国文化中的"天下国家"，说的就是天下之本在国，国之本在家，家之本在身。所谓"修身"，就是身体力行，是齐家、治国、平天下的起点。

从一定意义上讲，职业经理人算是社会的精英，引领着行业前进的方向，应该怀有家国情怀、赤子之心。我们经营着两个家——一个是自己的小家庭，一个是企业大家庭。

作为两个家庭的家长，定然要修养身心、见贤思齐，努力提高自身的思想道德修养，让自己具有美好的言行。

七

领导者的八种重要品行

一位卓越的职业经理人应该有一颗做团队公仆之心，要对自己提出比下属更高的标准：要求一步，自己做到三步。

有一本书叫作《比能力更重要的12种品格》，书中讲到的职场人士需要具备的12种品格是：忠诚、敬业、积极、负责、效率、结果、沟通、协作、进取、低调、节约和感恩。

这些品格对于职业经理人同样适用。就保险业的特点而言，我觉得职业经理人需要具备八种最重要的品格和行为习惯：忠于事业、敬业爱岗、敢于负责、结果导向、简单高效、融入团队、善于沟通、不断进取。

（一）忠于事业

一个经理人首要的品质就是忠诚。一定要忠诚于事业、忠诚于企业、忠诚于岗位。

忠诚于公司利益是员工最基本的素质。这种忠诚不是空洞的口号和宣言，而是通过实际行动表现出来的。一个人如果出卖公司利益，不但是对公司的背叛，也是对全体同事的背叛，他就成为大家的敌人。轻则遭到大家的鄙夷，重则触犯法律。

对于职业经理人，忠诚于公司利益不但是最重要的品质，也是一条职业红线。职业经理人站在公司的重要位置，也肯定会遇到各种诱惑。他们不但自身有出众的能力，也掌握了相对多的公司资源，如果对公司不忠诚，一定会影响队伍的稳定和发展，也会影响自己在员工中的形象，甚至有可能给公司造成重大损失。

我们不反对正常的工作流动，但是不能损害前公司的利益。新的公司也不应该鼓励这种行动，因为如果今天你这么做，其他公司也可以如法炮制。

（二）爱岗敬业

很多公司考察员工的第一条件就是敬业，其次才是专业水平。作为保险经理人，觉悟应该高于普通员工，工作的目的不仅仅在于获得报酬，还要乐意做出个人牺牲，提供超出报酬的服务。

保险营销没有固定的工作时间，我们的代理人为了签单没日没夜，作为领导者，更不能计较个人工作时限，一切应以完成工作任务为导向。

一位卓越的职业经理人应该有一颗做团队公仆之心，要对自己提出比下属更高的标准：要求一步，自己做到三步。公司能把你放在这个位置，本身就是你最大的收获和荣誉，你应该是全体人员的榜样，再多的付出理所应当。

（三）敢于负责

一个人的职位越高，责任越大。保险经理人承担着比一般员工更多的责任。要做一个敢于负责的人，把每一件小事都做好，言必信，行必果。让问题的皮球止于自己，不因一点疏忽而铸成大错。领导者也有犯错的时候，如果自己错了，要敢于承认、勇于担责，绝对不要找借口。

现实中我们也看到，有些领导在荣誉面前习惯往前站，领奖受表彰都是他的身影，因为他是集体的代表。这也没错。可是出现问题就往下推责，这就缺乏一个领导者的胸怀和格局。在任何一个岗位，责、权、利都是对等的，你既然要享受荣誉，就要承担相应的责任。一个不敢负责、争功诿过的领导，必然会遭到团队成员明里暗里的抵制，如此下去，他的团队必定会出问题。领导者应该明白：你和团队是命运共同体，团队的业绩就是你的成功，团队的问题就是你的责任。

（四）结果导向

领导者一定要有明确而坚定的结果导向思维。无论是企业还是个人的工作规划，必须明确地以终为始，先设立目标再围绕目标来规划工作。结果导向就是要求——

1. 树立完成目标的信心；

2. 办法永远要比问题多；

3. 聪明地工作而不仅仅是努力工作；

4. 没有条件，就创造条件；

5. 把任务完成得超出预期。

无论苦干还是巧干，出成绩的员工才会受到众人的肯定。企业重视的是你有多少“功劳”，而不是有多少“苦劳”。当我们设定明确的目标，如果在工作进程中遇到困难，可以对照目标及时找出对策，尽快解决。如果没有明确的目标，工作就没有方向，出现问题就没有解决方案。可以说，没有结果导向就没有结果。

（五）简单高效

高效的工作习惯是每个渴望成功的人所必备的，也是每个单位都非常看重的。领导者的时间非常宝贵，更应该追求高效。如果一个领导工作拖沓、决策迟疑，会影响整个公司和团队的发展。

有一家保险公司推行“简单文化”，提倡建立简单的同事关系、简化工作流程，以实用、高效为原则。我很赞赏这种做法。

追求简单高效的工作风格，要培养良好的工作习惯。跟穷忙、瞎忙说“再见”；心无旁骛，专心致志；量化、细化每天的工作；牢记优先，要事第一。最后，还要防止完美主义倾向。完美是对工作结果的极致追求，但是因为各种客观条件的限制，现实中不可能事事完美。如果刻板地要求完美，则会成为效率的天敌。

（六）融入团队

团队靠前，自我退后。不管个人能力多强，只要伤害到团队，公司决不会让你久留——不要认为缺了你一个，团队就无法运转！

个人融入团队，犹如滴水融入大海，要求服从总体安排，遵守纪律才能保证战斗力。不做团队的“短板”，如果现在是，就要给自己“增高”。多为别人、为团队考虑。

（七）善于沟通

不善于沟通者，即便自己再有才，也只是一个人的才干，既不能传承，也无法共享，又无法进步；好沟通者，哪怕很平庸，也可以边干边学，最终实现自己的价值。

沟通不是八卦，不能道听途说，更不能听风就是雨，随意传播未经核实的事情。作为领导者，如何说、说什么都要非常谨慎，因为你的每一句话都可能影响整个队伍。该说的不说，或者说得过多都不对。

同时，还要胸怀大局，对下传递积极、自信，有问题向上反映。内部可以有矛盾，也可以有争执，但是对外一定要一致。

（八）不断进取

企业永远要跟上市场的步伐，个人永远要跟上企业的步伐。无论是职场还是市场，无论是个人还是企业，参与者都不希望被淘汰。为此就一定要前进，止步不前就意味着放弃，意味着出局！

作为领导者，不能总是躺在过去的成绩上，一年的经验重复用十年。一定要虚怀若谷，要以空杯心态去不断学习、总结，挤时间给自己“充电”，这样才能在自己的职业生涯中一路向上！

八

不能跑偏的领跑者

一个领导者就是一个领跑者，是团队的旗帜和标杆。你跑偏了，肯定会有人跟着跑偏，而且还理直气壮。

我们在培训的时候，有一个“三讲”，就是讲自己、讲公司、讲产品。这充分说明，一位保险代理人是与公司紧密相连的，是命运共同体。

代理人的一言一行，在客户眼里都代表了公司，如果你的服务很好、很专业，他会说这家公司的业务员很专业、素质很高，对你和公司产生信赖感。接下来可能会加保，会给你转介绍。相反，如果你的行为令他不满意，他就会远离你，甚至会告诉别人这个保险公司不好，业务员素质很差。由此可见，如果你的言行不规范、不检点，不但会给自己带来损失，也会给公司和同事带来损失。

每一位代理人，其实都是公司的一个品牌。一定要不断地学习，注意自己的言行，让自己变得更专业，真正成为一位有见识、有修养、受到客户信赖和尊重的理财顾问。

对于领导者，还会有更高的要求。对外，你是公司的品牌，一言一行都代表了公司的形象和动态，一定要慎之又慎。对内，则是团队的旗帜和方向。你的位置和责任决定了一定要学会控制自己的情绪，还要规范自己的行为，你的一言一行都将影响到团队。如果你有负面行为，首先会影响个人的威信，你在管理下属时自然会理不直气不壮；其次一定会上行下效，所谓下梁不正下梁歪。这样层层下去，整个团队最后会变成什么样子就可想而知了。因此一个领导一定要有很强的自制能力，要懂得控制自己的行为。

我曾经是多年的“大烟枪”。近几年全社会都在提倡禁烟，为了在公司倡导戒烟，我硬是在短期内戒了个彻底。这当然很痛苦，但我要凭借毅力让自己成为全公司的榜样。何况戒烟本身是好事，有利于身体健康。一时的痛苦换来长久的幸福。

领导者当然会犯错，但应该是工作本身的错误，而不能行为失范。一个领导者的言行不仅代表了公司的形象，甚至代表了行业形象。在一些特殊的岗位上，甚至代表了国家。一个领导者如果控制不好自己的行为，不但是个人的损失，也是团队的损失，这个损失可能会无限地放大。

在管理学上有一个这样的比喻，当一个人对大家喊：“兄弟们跟我上！”这人就是领跑者。另外一个人对大家喊：“兄弟们给我上！”这人就是领导者。

其实在我看来，现代企业的领导者与领跑者并无明显区别，特别是在一个企业或者团队初创时期，领导者首先是一个领跑者。他必须率领团队在没有路的地方踩出一条路来。就像新东方前执行总裁，跟谁学创始人陈向东所说：“我奔跑在一条不确定，但我却认准的赛道上。虽然同行的都是陌生人，但我依然可以鼓舞和感召他们，使其全力奔跑。”

这条路充满着未知与险恶，你不但要有敢于挑战的勇气，而且不能跑偏，否则后面的人可能都会跟着跑偏，将为此付出极大的代价。

有一年，在英格兰东北部城市桑德兰举行的“北部马拉松”比赛中，总共有五千人报名参赛。由于组织者调度失误，跑在队列第二、第三位的选手行至光明体育馆附近区域时选错路线，导致跟在他俩身后的所有参赛者都跑错了。最终，只有一直跑在第一位的选手到达了目的地，其余参赛者全部失去了比赛资格。赛后，主办方发表声明，表示愿意承担全部责任，可是却不能改变比赛结果，这个负责也没有实际意义。不少参赛者为准备这次比赛，训练达数月之久。

一旦这条路上走的人多了，踩出了一条平坦大道，领跑者就可以逐渐转型为领导者，作为一个路标指引众人前行！

九

拥有一颗公正之心

当别人说你做事很公平，那就是对你品德的一种极高的评价，是对你处事方式的认可。一旦员工感觉你处事不公，这种处事方式一定会给管理带来无穷的麻烦。

前总理朱镕基曾经多次引用过一句古训："吏不畏我严，而畏我廉；民不服我能，而服我公；公则明，廉则威。"

一位公正廉洁的领导者，才能得到群众的拥护和爱戴。朱镕基总理就是杰出的典范。

后来我到河北分公司工作，去保定检查工作的时候，在直隶总督署旧址看到大牌坊上有三个大字"公生明"，对此的理解更加深刻。

直隶总督署设立于清朝雍正年间，历经清朝八帝，二百年间历经五十九名总督，有的造福一方，有的碌碌无为。其

中影响最大的当属曾国藩和李鸿章。两人都是位高权重，在中国近代史上产生了深远的影响。前者为官一生奉公廉洁，训练出天下无敌的湘军；后者虽然也是能吏，却不算廉吏，其治下的北洋水师后来在甲午海战中惨败。虽然成败有很多原因，但不能不说与其本人有一定的关系，所谓上行下效，这都是深刻的历史教训。

心底无私天地宽。公平公正、内心无私的人，才能活得堂堂正正、光明磊落、无所畏惧，成就一番业绩。历史上的廉正清官，从宋朝的包拯到明朝的海瑞、于谦，无不如此。

一名职业经理人，同样如此。当别人说你做事很公平，那就是对你品德的一种极高的评价，对你处事方式的认可。如果一个领导有了私心，在工作中就无法做到公平公正，甚至以权谋私，时间一长肯定会授人以柄。一旦员工感觉你处事不公，这种处事方式一定会给今后的管理带来无穷的麻烦，说话没有分量，最终会让自己付出代价。

我从1986年开始任支公司负责人，2007年开始筹建分公司，先后担任过三家分公司一把手，其中经历过很多合作者，也产生过矛盾，处分过一些同事，但都是基于事实、基于制度做出的奖罚，大家心服口服。许多被我批评和处分的同事后来还感谢我，因为他们明白那是对他们及时的帮助。

做到公平公正，最难的是要坚持自己的原则。人是环境的产物，社会上一些不好的风气必定会影响到团队，作为领导者应该有更强的判断能力，内心有定力，而不是随波逐流。否则，最终贻害的还是自己。

诺贝尔文学奖获得者莫言在一篇演讲中说："我们要用我们的文学作品告诉那些暴发户们、投机者们、掠夺者们、骗子们、小丑们、贪官们、污吏们，大家都在一条船上，如果船沉了，无论你身穿名牌、遍体珠宝，还是衣衫褴褛不名一文，结局都是一样的。"这段话对于我们的领导者很有启发。

公正处事、公道为人是领导者必备的职业操守。这包括在处理内部矛盾上，也包括在用人上，要一视同仁，有公道之心。领导用人要讲究五湖四海、不分亲疏，客观地对待每一个人，特别是不能在大团队里搞小团队。你与某人有特殊关系或个人情感便委以重任，若他力不能及或德不配位，最终会害人害己。

拥有一颗公正之心，还必须要有大局观，一定要跳出个人的情感和小团队的利益，站在全局来看待问题，避免意气用事。

试问，如果一个人因为在工作中有不满，哪怕是有委屈就置集体利益和形象于不顾，任性妄为，那这个集体还怎么管理？怎么成为一个团队？

即便不是为了个人，一个管理者也应该有大局观，部门利益应该服从公司整体利益。在保险公司，有一些基层主管，为了维护部门利益，置公司的整体利益于不顾，给领导出难题。如果认为公司在制度上或者某些事情的处理上确实存在问题，应该通过正常的途径反映，而不能搞对抗，否则公司怎么管理？领导不照顾你，你觉得他不近人情，不支持你的工作，甚至还以“如果不这样就完不成任务”“否则我没法干了”之类的语言来要挟。但是领导如果关照了你的部门，就失去了公正，给他制造了难题。当你换位思考一下，如果你是领导者要怎么处理，你就能够明白。

公正不但是一种个人美德，也是一种领导艺术。群众的眼睛是雪亮的，如果因为某种原因在工作中失却了公平，很可能是推倒了一张多米诺骨牌，各种违反公平原则的事情会接踵而至。所以，作为领导一定要坚持原则、顶住压力，当然还需要适当的方式方法。

金无足赤，人无完人。一个领导者，只要秉持了一颗公正之心，即便工作中有不当，也可以明明白白地纠正，照样能够赢得大家的支持和拥护！

十

领导者要有演讲鼓动力

领导者用语言发出权威的声音，不仅要对各种观点进行归纳总结，更要高屋建瓴，有深度，有高度，还要有温度。

“一言之辩，重于九鼎之功。”语言是交流的工具，也是思想的传播、行动的号召。历史上苏秦身佩六国相印、宴子使楚、诸葛亮舌战群儒，都是凭借超群的口才获得巨大的成功。

“一言可兴邦，一言也可废事。”职场中要有良好的沟通能力，知道如何用最合适的方式表达，知道哪些话该说，哪些话不该说。成功的沟通是双向的，既要有好的表达能力，也要有好的倾听能力。善于沟通的人才能更好地了解对方，建立良好的人际关系。

沟通是一门艺术，有创意的沟通是一项很重要的能力。如果一个团队不能保持共同的方向和目标，通常是在沟通上出现了问题。

管理者一定要通过有效沟通让团队成员明白：第一，我

们的目标是什么；第二，我们为什么需要完成这个目标；第三，具体需要大家怎么做。三个核心步骤虽然简单，但很多人并没有把握住。因为成年人做事是有目标和目的的，他们不会去做自己不理解的事情。

我们很多管理者通常会把怎么做说得很详细，但却没有思考针对这个目标大家有没有达成共识，我们这么做的价值在哪里，会产生什么效益。所以，我们一定要注意步骤：首先是要让大家明白团队的目标；然后再详细告诉大家为什么要这样做，这样才能让大家达成共识；最后才是具体实施和执行。

除了掌握高效的沟通技巧，演讲更是领导者的一项重要能力。

保险是一个需要经常激励的行业，保险职业经理人尤其需要具备良好的演讲能力。

很多优秀的代理人为什么做不了管理，就是因为演讲能力的欠缺。他们在和客户的沟通中没有问题，但是突破不了当众演讲的障碍。有很多基层主管，汇报工作的时候总是词不达意，半天说不到点子上；面对团队讲话的时候语无伦次，不知道要表达什么。

领导者要在各种场合说话，无论是工作交流，还是会议发言，或者即兴讲话，都要依靠语言发出权威的声音，建立自己的威信。无论是几分钟的即兴讲话，还是几千甚至上万字的长篇报告，都可以应付自如。

为什么在开会的时候、搞各种活动的时候都要领导讲话？不仅是因为领导这个职位的权威性，更是因为他的讲话代表了公司的立场和方向，要说出我们共同的心声。因此他的讲话不仅要对各种观点进行归纳总结，更要高屋建瓴，有深度，有高度，还要有温度。这就要求领导讲话要有逻辑、有事实、有观点，还要有情感，语言要生动。

如果一位领导的讲话事实空洞、思想苍白、语言平淡，可能还没有其他人讲得好，大家当然不爱听，同时也会影响他的威信。还有些领导习惯长篇大论，“几句话”讲了个把小时，重复啰唆，空洞无物，听者早已不耐烦。

演讲传递的是精神，所以一定要讲出观点，要有一些精彩的关键词，要逻辑清晰，这样听众才能记得住。有些领导讲话出口成章、妙语连珠，会让大家听得兴致勃勃、连声喝彩。原因就在于他有丰富的知识积累，更有自己独特的思考。

生活中可能有一些人有很好的口才，喜欢在公共场合表达或者说表现。他们可能也会引得大伙哈哈大笑，但是却登不得大雅之堂。因为这是耍嘴皮子，不是演讲。

语言所建立起来的威信，并不是说你口吐莲花、滔滔不绝，而是首先来自你的立场。一个领导者站在什么位置上讲话，他是站在个人立场还是从大局出发，结果是不一样的。有时候团队出了矛盾，不能仅仅从主观上找原因，还要考虑到客观原因，全面思考才会更接近真相。所以领导讲话既要基于客观事实，又要有超越普通员工的高度。

有的领导会经常给团队授课。从广义上讲，授课也是一种演讲，但是演讲与授课有着明显的区别。一个领导一年到头可能授不了几次课，却几乎每天都要在各种场合即兴讲话。

一般来说，授课讲授的是具体的知识和技能，是带有操作性的、可落地的。授课的内容相对比较具体，要认真做课件，这样大家才听得明白。授课都要做预先的安排，有确定的场合，有具体的听课对象和人数要求，需要做相关的准备。

演讲通常不需要课件，甚至也没有具体的场地、人数要求，有的是提前安排的，有的是随机的、即兴的。所以即兴讲话的能力是领导者的一项重要技能，也是基本素质。

即兴讲话一般就是几分钟，没有什么准备，张口就来。然而在短短几分钟时间内，需要抽丝剥茧、归纳总结，还得提炼自己的观点，最后达成共识，或者鼓舞士气。做起来真不容易。所谓台上三分钟，台下十年功，领导的能力要像演员一样长年磨炼。

演讲表达的主要是思想和观点，传递的是精神，是激情，是鼓动。也正因为这样，演讲要打动听众很不容易，所以一定要讲出观点，要有一些精彩的关键词、关键句，而且要逻辑清晰，听众才能记得住。

十一

一定要学会高效地工作

代理人是以业绩来衡量工作成果获取收入的，“时间就是金钱”在他们身上得到了最好的体现。

销售是一个时间弹性很大的工作。一方面，保险销售的工作时间相对比较自由，没有严格的上下班约束；另一方面，代理人的时间又比较紧张，除了见客户之外，还要经常参加学习和活动，因此时间管理尤其重要。光有勤奋还不行，更要追求单位时间内的工作效率。

代理人一定要学会管理时间，什么时间做什么事，一定要清清楚楚，只要定了时间，一定要风雨无阻认真执行。如果你约好了客户，突然又遇到什么事情需要紧急处理，跟客户说今天去不了，咱们改天再约，这是不行的。

时间就是金钱，要掌握个人时间的主导权。要做到守时，无论上班、下班、约会都要守时。这既是一种礼貌的体现，更是一种自我素质的体现。

守时在工作中表现为按时完成工作任务，不拖延，不懈怠。我们看到很多代理人整天忙得屁股冒烟，公司见不到他的人，家人也不知道他去了哪里，甚至客户联系他也迟迟收不到回复。这些人家里多半也乱糟糟的，和他相处的人都跟着累，结果却不知道每天都做了些什么，劳而无功，还一肚子委屈。而那些在工作中善于管理时间的代理人，往往在生活中也是井井有条。

在同样的时间里，谁能更好更快地做好工作，谁就能创造更多价值。面对大大小小的各类工作事项，要学会合理安排规划。在上班之前，可以按轻重缓急给工作排序；在工作结束之后再进行整理回顾，看看哪些地方还可以提高效率。

时间管理是通过每天的习惯养成的。我们在学生时代都学过数学家华罗庚的《统筹方法》，讲的就是科学地管理时间可以提升工作效率。

代理人是以业绩来衡量工作成果获取收入的，时间管理的科学与否将直接影响到他们的签单。从这个角度讲，“时间就是金钱”在他们身上得到了最好的体现。

对于职业经理人而言，虽然不用去签单，但是他的时间已经不属于个人。职业经理人不仅要管理自己，还要通过政策和制度管理好整个团队，因此对自我管理有更高的标准。这是一个实践的过程，也是一个不断学习的过程，这些良好习惯的养成需要不断地付出努力。

工作上的好习惯，体现出一个领导的风格。比如有的领导喜欢讲，有的领导喜欢写，有的领导喜欢记，这都是好的工作习惯。不管是哪个领导，有些工作习惯是必不可少的，比如要建立日、周、月、年的工作计划，还要关注三张表。

哪三张表呢？一是财务报表，财务报表会体现公司的经营业绩，让领导者对公司的经营情况随时做到心中有数；二是人员去向表，就是相关部门的人员在什么岗位，及时掌握他们的动向，便于灵活动机地安排工作；第三张是动态表，它体现了公司的业务进度，便于领导者根据业务动态及时安排和调整后面的工作，确保完成工作任务。

营业部的各级主管，同样也应该掌握几张表。比如通过业务分析表可以及时了解业务员拜访了多少客户，完成了多少任务，还有多少没有完成；解决了什么问题，还存在什么问题。

日常工作清单是一种必不可少的管理工具，但是工作清单的管理一天两天很容易，一周两周也不难，长年累月地做好却很难。因为每一张表后面都要进行分析，然后跟踪、评估、沟通、改进……虽然非常烦琐，但是必须坚持，因为这些清单是做好工作分析的重要依据，一旦量化后会给工作带来很大的方便，会让你发现一周、一个月、一个季度甚至一年的工作变化，只要一比较就能及时发现问题。

对各种报表的管理是经理人必须具备的能力，这也是从单纯的保险代理人迈向职业经理人的一项重要能力。有很多代理人不愿意做管理，可能也包括不喜欢这些专业而烦琐的管理流程。事实上，很多经理人曾经都是展业能手，但是经理人应有的管理能力却是普通代理人所不具备的。一旦你在日常工作中养成良好的自我管理习惯，掌握了一定的管理技能，走上职业经理人岗位也就水到渠成了。

这里附上《总经理及部门经理工作清单》，相信对我们的工作会有所帮助。

（一）每日工作清单

1. 总结自己一天的任务完成情况；

2. 考虑明天应该做的主要工作；

3. 了解至少一个部门的销售拓展情况或进行相应的指导；

4. 考虑公司的一个不足之处，并想出准备改善的方法与步骤；

5. 记住分管每一名员工的名字和特点；

6. 每天必须看报表；

7. 考虑自己一天工作失误的地方；

8. 考虑自己一天工作完成的质量与效率是否还能提高；

9. 完成应该批复的文件。

（二）每周工作清单

1. 召开一次中层干部例会；

2. 与一个主要职能部门进行一次座谈；

3. 与一个你认为现在或将来会成为公司业务骨干的人做一次交流；

4. 向你的老领导汇报一次工作；

5. 对各个部门的销售进展进行一次总结；

6. 召开一次与质量有关的办公会议；

7. 纠正公司内部一个细节上的不正确做法；

8. 检查上周纠正措施的落实情况；

9. 进行一次自我总结(非正式)；

10. 整理自己的文件或邮箱；

11. 了解相应的财务指标的变化；

12. 三天内保持与一个重要客户联络；

13. 每周必须看三张报表；

14. 每周至少与一个团队联系一次；

15. 表扬一下骨干近期做出的事情。

（三）每旬工作清单

1. 请一个不同的员工吃饭或喝茶；

2. 与财务部沟通一次；

3. 对一个部门的销售进行重点帮助；

4. 拜会一个大客户。

（四）每月工作清单

1. 对各个部门的销售进行一次考核；

2. 拜会一个重要客户；

3. 自我考核一次；

4. 查看月财务报表；

5. 掌握月总体销售情况；

6. 制定下月销售计划；

7. 制定下月销售政策。

十二

开会是领导者的大学问

公司把培训看成是节约时间成本的投资，可使员工快速成长。培养员工，让员工减少犯错，提升技能，本质上是提高了时间价值。

开会是领导者的重要工作，甚至是主要工作。可以说，越大的领导会议越多。我们从新闻里看到，国家领导人每天都在开会。

开会的本质是讨论问题和解决问题。所以，作为领导一定要懂得如何开会。可以说，开会是一门艺术，更是一门技术活。

开会难免有意见不一或者争论。如果开会没有不同意见，一定不正常。要么是大家不关心，敷衍塞责；要么是出于利益关系不吭声，或者碍于领导者的权威明哲保身。

但是如果分歧过多，处理不好就会影响开会的效果。适当采用一些技巧就会化险为夷，例如要尽量做到在会上公开称赞、私下批评，在会中要做到就事论事、对事不对人，争论时也要尊重别人，不可恶意批评别人，对他人的意见如赞同不要忘了公开表示你的称赞，对意见不同者也要注意措辞，不能伤害别人的自尊，特别是有上级人员参加时更要注意，千万不能为了体现自己而贬低他人。

有时候要采取民主集中模式，开放心胸，容纳意见，要以开放包容的心态去倾听别人的意见，不要被自己固有的立场所左右，不要将你的结论强加于人。如果你要公布既定的政策、决定，要在事前说明不容讨论，需要与会人员讨论的一定不能是既定的决议。

高效开会是一门重要的管理艺术。如何主持，如何记录，如何追踪，如何对待分歧，等等，处理得好会让公司的会议变得高效。可以对每个层级的员工进行必要的会议训练。

（一）会前必有准备

会议最大的成本是时间成本，永远不要开没有准备的会议。在会议前，必须把会议材料提前发给与会人员，与会人员要提前看材料并做好准备，不能进了会议室才开始思考。

（二）会议必有主题

开会前必须要有明确的会议目的，为会议准备的PPT，必须显示会议主题。没有主题和流程的会议，就好比让大家来喝茶聊天，浪费大家的生命。会议的主题，也要事先通知与会人员。

（三）会议必有议程

在会议之前要有明确清楚的议程，会议组织人员要在会前书面发给参会人员，使他们能了解会议的目的、时间、内容，以便有充分的时间准备相关的资料和安排好相关工作。每一项讨论必须控制时间，不能泛泛而谈、海阔天空。

（四）开会必须守时

设定时间，准时开始、准时结束。准时开始、准时结束实际上就是尊重别人的时间。开会一定要准时，并要对每个议程定个大致的时间限制，一个议题不能讨论过久，如不能得出结论可暂放一下，避免影响其他议题。如一个议题一定要有结论的话，要事先通知与会人员，使他们有思想准备。

（五）开会必有纪律

在公司，开会设一名纪律检查官（一般由主持人担任），在会议前先宣布会议纪律，对于迟到要处罚，对于会议不按流程进行要提醒，对于发言带情绪要提醒，对于开小会私下讨论的行为要提醒和处罚，对于在会上发恶劣脾气和攻击他人的行为进行处罚。

（六）会议必有记录

一定要有一个准确完整的会议记录。每次会议要形成决议，会议的各项决议一定要有具体执行人员及完成期限。如此项决议的完成需要多方资源，一定要在会议记录中明确说明，避免会后互相推诿，影响决议的完成。这点特别重要。如果因为没有形成决议导致会议的作用没有体现出来，会让一些人员误认为开会没有意义，直接影响其开会的热情，而会议记录是会议成果的一种体现。

（七）会议必有结果

开会的目的就是解决问题，每个人都要积极地参与到会议中来，会议监督官有权力打断那些偏离会议主题的冗长的发言。会议时间最好控制在一个半小时到两个小时之间，太长的时间会超过人的疲劳限度。

会议主持人要设置时间提醒，合理有效地把控会议进度。会议的决议要形成记录，并当场宣读出来确认。没有确认的结论，可以另外再讨论；达成决议并确认的结论，马上进入执行程序。

（八）会后必有追踪

“会后不追踪，开会一场空”，再好的方案，会后不追踪落实会议都等于白开。所以要建立会议事后追踪程序，每项决议都要有跟踪、稽核检查，如有意外可及时发现、适时调整，确保各项会议决议都能完成。

最后，请记住三个简单却很有意义的公式：

1. 开会 + 不落实 = 零；
2. 布置工作 + 不检查 = 零；
3. 抓住不落实的事 + 追究不落实的人 = 落实。

修业篇　练就专业能力

《管子·宙合》：“修业不息版。”

业，原是古人读书写字的版。修业本指研读书籍，引申为修炼功业，学习知识，钻研学问。《易·乾·文言》：“君子进德修业。”

修业，不只是学生在校学习，也是成年人个人能力的不断精进。领导本身是一门艺术，也是一个管理学科，属于专业能力。事实上，如果领导者自身没有出众的领导能力，也很难积累真正的人格魅力。也就是说，领导能力是领导者人格魅力的基础。

十三

不输于人的专业能力

职业经理人不能事事都依赖下属，要学会自己动手，掌握各种新的、科学的、实用的技能，不停地提升自己的能力。

我曾经获得行业权威媒体《保险文化》杂志社授予的2009年、2013年、2018年度“中国保险杰出领导力奖”，是该奖项设立十余年来唯一三度获奖的省公司总经理。我先后担任过三家省级机构负责人，同时又被总公司破例聘请为“总公司资深专家”。

很多人问我为什么这么“厉害”，其实我并没有什么过人之处，取得的点滴成绩都来自几十年来不断地学习积累。

我在部队当兵的时候就开始学习摄影，这个爱好伴随我的一生。

我平时只要看到好的、有用的东西，比如好的培训、公司的各种活动、拔河比赛、打球等，都会拍下来，并且制作成视频，配上音乐和文字放给大家看，很多人看了觉得很惊讶。我想身体力行地带动我的员工，感染他们，我都这么大年纪还在不停地学习，你们这么年轻更要好好学习各种技能，加强自己的专业能力。

我加入保险业时，中国保险业刚刚起步，整个行业对保险还很陌生，我觉得最需要的就是学习。早在1992年，我就接触到电脑。那个时候很多人还不知道电脑为何物，我感觉这个东西很神奇，将来一定很有用，就找机会学会了用电脑，比如打字、制表、做课件，等等。这些技能日后给我的工作带来了极大的便利。

前些年，我倡导并带头通过邮件、微信、PPT等形式进行无纸化办公。我的课件和讲话稿都是自己亲手完成的，很多都是在出差途中做的。20世纪80年代的讲话稿、工作总结，我至今还收藏着。这里可以看到自己的点滴进步，也凝聚着自己数十年的心血。

一个职业经理人要与时俱进，要掌握各种新的、科学的、实用的技能，要不停地提升自己的能力，为这个行业、为公司服务。一个领导者，不能事事都依赖下属，要学会自己动手。别人替你工作，很难理解你的意图，达到你想要的效果。

这么多年来，只要有学习的机会，我都是积极争取，包括去各种院校学习，像复旦大学、北大MBA班、中央党校，还有国外的学习。学习不是为了获得文凭，而是为了充实自己。学习的过程中我也不断地总结，写心得体会，不断地做课件。

当一个领导要引领自己的员工，也一定要登高望远、拓宽视野，这是时代对一个管理者的要求。要不断地学习新的知识，还要参加各种会议、培训。

世间处处皆学问，现在学习的方式很多，通过书籍、微信、视频、与身边的人交流等，只有你有心，就能学到知识和技能。可以经常看报纸、电视，上网了解国家政策，关注一些国家重要的提法、领导的讲话等。只有站在巨人的肩膀上，我们才能看得更远。学习的同时还要不停地思考，学以致用，这样你的能力才会提高，才能洞察市场。

活到老，学到老。学习是进步的永动机，只有不断地学习才能适应时代的进步和环境的变化，让自己永不落伍。作为一位管理者，无论是关于保险的专业知识，还是管理学、经济学及政策法规，都要广泛地涉猎。

在学习的方法上，要有针对性、系统性、时效性。针对性是指学以致用，学习内容有本行的，有跨行业的。系统性就是要融会贯通，从上到下地学习，对于统筹工作、全面考虑很有帮助。时效性学习就是在全系统树榜样，在团队宣传典型。

为了激发大家的学习积极性，公司应该出台一些政策来进行鼓励。我们公司规定，优秀的主管学习得好，给他报销学习费用；自修研究生，在公司干够五年，也可报销学习费用；在公司内部发表文章，在外面发表论文，年终可以作为评奖、评先进的一个条件。这样大家都非常积极地学习。平时除了常规的培训，我们还会组织一些特别的学习，比如客户案例分析、法律法规、警示学，等等。

我们过去在学习上虽然有制度、有方法，但是效果并不理想，为什么呢？后来发现一个问题，我们虽然学习了却从来没有考试，没有考试，不检查，大家也不重视。后来就把公司制度、业务发展等做成一个小本子，让大家可以随身带着看，看完就考。后来又组织省公司客服、市公司客服、县公司客服分组进行系统性学习，然后检查，这样学习就有了效果。

我们每年都会组织干部、主管去西柏坡、井冈山、中国人民抗日军政大学这些革命传统教育基地学习，让他们了解过去的艰苦，对大家的思想是一种教育。

每次学习后大家收获都很大。当我们在工作中遇到困难，就会想到革命前辈，于是不再气馁，迎难而上。如果在工作中发生冲突，大家也会想到革命前辈，于是心平气和地讨论和解决问题，然后轻装上阵，团结协作。对于管理者，实在受益匪浅。

十四

从千里马变身伯乐

一位领导者，即使自己有超强的能力，也要带领一支能力超强的团队，这就需要去努力发掘和培养大量的人才。

“团队”二字，包含了“才”与“人”，这充分说明人才是团队的根基。团队要发展，必须有源源不断的人才涌现。

人才有很多种类，就保险营销而言，有销售高手，有管理精英，也有优秀内勤，等等。人才越多，团队发展后劲越足；如果缺乏人才，即使因为某种原因公司或团队一时兴盛，最终也会衰落。这样的例子，无论是在保险公司还是营销团队，并不少见。

作为领导要知人善用。知人善用的前提是识人。有的人虽然对领导很热情，领导一来，跑老远去接送，但是工作却一点也不认真，也不愿意承担责任。这种人，在古代的朝廷中被称为“弄臣”，就是专门讨皇上的欢心。一个明智的领导，对这种事要坚决制止，对这种人要保持距离，谨慎使用。另一种人，虽然不会来事，但他工作踏踏实实、认真负责，这种人我们要提拔他，委以重任。

在人才选拔方面，一定要把品行放在第一位。因为才能是把双刃剑，一个人如果有很强的能力，但是德不配位，同时也就有很强的破坏力。

对于引进和使用人才，应该认识到以下几点。

一是人才会退化。即便是货真价实的人才，不学习，不进步，吃老本，也会变得平庸。企业好不容易发现一个人才，但如果这人才故步自封、不求上进，在不久的将来就只有人，没有才了。古代方仲永的故事就是个例子。

二是人才会流失。人才难求，人才更难留，因为人才对其生存质量和生存环境有更高的追求。许多企业不注重在企业内部培养人才，而是喜欢投机取巧去挖别人的墙脚。那些经常跳槽的人，不知道什么时候又会找到下一家。与其挖空心思付出很大的成本挖人，倒不如想办法留住本公司的人。多年的保险从业经历告诉我，发现和培养人才比招募人才重要得多。人都是有感情的，在一个团队与大家长期相处，都会产生感情和依赖性。经过培养和锻炼的人才，对公司的忠诚度和对事业的责任心更强，因为他知道这一路走来很不容易，一定是十分珍惜，越干越好。

三是人才具有适配性。现代人力资源管理理念认为：在企业中人人都是人才，因为每一位员工都具备一定的知识与技能，关键在于企业能否通过有效的管理将其协调与整合起来。每一个人才都有其自身的特征和适合其生存的土壤。即使他曾经很优秀，来到新公司未必就一定优秀。这就像一支足球队，选拔的都是全国各地最优秀的球员，但是有些球员在国家队表现很突出，有些球员却总是水土不服，表现差强人意，始终发挥不出在地方队的水平。

一支球队需要优秀的球员，但并不是把十一名看似最优秀的球员组合起来就一定强大。还需要根据每个位置的需要，结合每个球员的特点进行匹配、调整，再反复打磨、训练，让个人能力不断提升，整体配合越来越默契。这样的球队才能获取比赛的胜利，球员也不会轻易离开，因为他在球队中得到了成长，也找到了最适合自己的位置，已经与球队融为一体，一起去获得胜利。一旦他离开，对自己和球队都是损失。

企业需要优秀的人才，更需要提供优秀人才成长的土壤与舞台。

招聘时，我们往往是根据某个人的学历、职业背景、过往的工作业绩来判断，但是这种判断并不一定可靠。因为除了这些显性的条件，一个人的品行、性格、处事方式、行为习惯等隐性因素可能对他的职业发展影响更大，但是我们难以立即做出判断。

正确的选择是，企业从劳动力市场上引进人，然后依靠自己的机制与制度，将他们培养成才。

古人说："千里马常有，而伯乐不常有。"这说明伯乐比千里马更稀缺，更重要。应该说，职业经理人都是从团队中脱颖而出的千里马。但是当他成为领导者，就应该从千里马变成伯乐。

球王马拉多纳后来担任过阿根廷国家队主教练，但是成绩并不好。贵为球王，他也不能亲自上阵，还得依靠场上的十一个球员。这说明，一位领导者要培养一个能力超强的团队，不仅个人要有超强的能力，还需要去努力发掘和培养大量的人才。

有些管理者会抱怨，团队没有合适的人才可用。如果真是这样，一定要从自己身上找原因。其实，每个团队中都会有很多优秀的和非常有潜质的人才。

法国伟大的雕塑家罗丹说过，这个世界上不是缺少美，而是缺少发现美的眼睛。作为领导者，要有一双发现人才的慧眼。有一双慧眼并不是说你的视力有多好，而是你的胸怀有多大。没有人是完美的，也没有人会一无是处，领导自身也会有缺点，我们既要用人之所长，也要容人之所短。每个人身上的缺点，在团队工作中往往会互相弥补和抵消，这就相当于数学上的“负负得正”理论。所以我们才说，没有完美的个人，只有完美的团队。

作为领导，平时要观察、了解、研究自己的团队，并且能够把每个人的潜能激发出来，给他们用武之地。在团队中，有很多人是非常敬业的，我们就要长期培养他们。如果发现有些负面行为，则要坚决制止。一般来说，往往越有能力的人也越有个性，所以经常会给人我行我素、恃才傲物的感觉。

对于这些人，在遵守公司的基本规定、不违反原则的基础上，我们要尽量给他们宽松的空间。

有一位非常优秀的团队长，原本是一个做事追求完美、性格比较清高的人。他的背景很不错，业绩也非常好，一般人他看不上，也不爱搭理别人。后来他带了团队，对大家要求很高，但是交流比较少。他喜欢参照自己的标准，所以对大家总是不满意。大家虽然佩服他，但是又很怕他，总是躲着他，甚至因为压力太大而脱离了团队。

后来有人给他提意见，他也逐渐意识到自己的问题，慢慢地变得宽厚、包容起来。他能够接纳各种各样的人，把他们放在最合适的位置。就像一位足球教练一样，努力给他们创造成长的环境。

对那些有上进心、有潜质的人，他会经常鼓励他们，并送他们出去学习。团队气氛越来越融洽，队伍也越来越壮大，后来发展到几千人，连续十几年保持业绩正增长，每年都排在全系统前列。一个胸怀宽广、开放包容的管理者，他的队伍自然所向披靡，成为寿险市场上的常胜之师！

十五

超前的预判与快速应变能力

如果天气预报提示要干旱了，你就得尽早想办法准备抗旱，而不是只知道一个劲地埋头种地。如果等到地干了再来想办法，为时已晚。

某实业家曾说：“企业家要对市场规则有足够的认识，积极引导属员痛改经营弊端是减少群体利益损失的有效途径。正确判断就是经营成果。”

企业在经营的过程中，总会遇到一些困难。顺风顺水时还好，一旦公司政策发生变化，很多代理人就会迷茫：“我刚给客户讲完了，政策就变了。”每个人都不希望这种情况发生，但是政策变化一定有它的原因，是我们无法左右的。作为代理人，我们只能接受，并且尽量改变自己去适应。

看到落叶，就知道冬天要来临。作为领导者，要有比普通员工更高的眼界，不能整天只围着业务打转，而是要有预判力，要时刻关注政治、经济、社会环境及行业的变化，并要思考这种变化会形成什么趋势。能够透过现象看本质，具备一定的预见性、判断能力及应变能力，免得到时束手无策。

比如国家政策出现什么新动向，对保险业会有什么影响？银监会与保监会合并后134号文件出台，公司的经营应该怎么调整？这些都需要我们有敏锐的观察力和判断力，就好像农民种田一样，如果天气预报提示说要干旱了，你就得尽早想办法准备抗旱，而不是只知道一个劲地埋头种地。如果等到地干了再来想办法，为时已晚。

2018年，我们公司的开门红刚打了三天，这时《国务院机构改革方案》提出将中国银监会与中国保监会进行合并，组建中国银行保险监督管理委员会，作为国务院直属事业单位。与此同时，国务院成立了金融稳定发展委员会，旨在加强金融监管协调、补齐监管短板。

当时我立即意识到中国保险业的战略方向可能要发生变化，随着“混业经营”与“分业监管”矛盾的显现，对于金融监管框架调整的需求日益迫切。经过认真分析，我立即在公司发出号召：现在国家强调“保险姓保”，保险公司的规模业务将发生重大的变化，要从重收益转向重价值，我们的经营一定要向这方面靠拢。果不其然，刚过了十天，相关政策就出来了。由于我事先进行了宣导，大家对于新政策都觉得很自然，没有怨气，很容易就切换了过来。

要培养自己的科学思维，学会客观、全面、辩证地看问题，这样在做选择时就不会那么犹豫不决。要学会和自己独处，静下心来反思，做自己最好的朋友。

透过现象看本质是一种非常重要的思维方式，能够抓住现象背后的根本性逻辑，弄清楚它的前因后果，而不是被这个事件的表象、无关要素、感性偏见等影响了判断。

一位优秀的领导者，既要发扬民主，又不能随波逐流，轻易被“民意”所左右，别人的观点只能作为参考，对重大的事情要有独立的思考和清醒的判断。

如何透过现象看本质？一个是“本质方法论”，就是从与大众对这种现象的理解的相反角度去分析；二是“分清边界”，就是对现象后面的本质究竟是什么进行适当、准确分析。形势一片大好之下，可能潜伏着某种危机；困境之下也可能隐藏着新的机会，可以打开新的突破口。

前几年，很多保险公司，特别是一些新公司都在全力销售万能险。在资产驱动负债模式大行其道的市场环境下，形式灵活的万能险成为一些险企迅速做大保费规模的利器，为其进行各类投资提供了充足的弹药。有的公司短短两三年时间保费收入居然超过了很多老牌公司，一举挺进市场前几名。一时间，万能险成为行业的热点，很多公司都坐不住了。但是万能险偏离了保险的本质，当它要成为市场主流的时候，也就到了该治理的时候。果然，随即而来的就是“保险回归保障”，如果你再去跟风大推万能险，肯定麻烦了。相反，如果你能通过现象看到本质，就会预见像万能险这类理财型产品将很快被边缘化，这时如果及早部署保障型产品，就抢占了先机。

作为机构领导，在公司经营的大政方针上当然要以执行总公司的政策为主，但是总公司的政策要经过层层调研、反复论证，相对来说时间会比较长。如果我们有很好的预判能力，一方面在很多工作中可以未雨绸缪，一旦总公司政策出台，马上行动，这样就走在了别人前面，抢得了先机。另一方面，也可以将自己的判断提供给高层领导做参考。如果只是被动地等待上级的安排，自己没有一定的预判和应变能力，在面对困难和变化时必定会束手无策。

沧海横流，方显英雄本色。越是在遇到困难、面临变化的时候，越能显现领导者的能力与魄力。一个好的职业经理人，不能被困难吓倒，更不能抱怨和觉得委屈，而是应该逢山开路、遇水架桥，不断地想办法、找对策，并激励团队全体人员杀出一条血路来。这就是领导者的能力、魄力与魅力！

十六

调动与整合社会资源的能力

在市场竞争中，如果靠被动的等待式销售，必定会处于下风。只有主动出击，充分寻找和调动资源，为营销创造条件，才能抢占先机。

在市场竞争中，需要我们多角度去考虑问题，充分利用社会资源和政策的便利来拓展经营业务。如果靠被动的等待式销售，必定会处于下风。只有主动出击，充分寻找和调动资源，为营销创造条件，才能抢占先机。

有很多营销高手都善于整合客户资源。比如开发“五同”市场——同学、同乡、同事、同宗、同好，一定会很有收获。

但是，一个人纵然有三头六臂，时间和精力毕竟是有限的。想要获得更多的客户，一定要借助外部的力量，整合身边的各种资源，以实现批量式的营销，例如参与一些重要的社会活动。

深圳有一位总监，就是这方面的高手。有一年，全国进行人口普查。因为深圳人口密度大、流动人口多，普查难度特别大，普查人力严重不足，因此政府要聘请大量临时人员，经过训练后进行入户登记。这位总监从媒体得知这个消息后，立即找到街道办，主动提出帮他们做入户调查。得到同意后，立即发动一批营销员报名参加。于是他们以人口普查人员的身份入户做调查，既帮助了政府，又在调查过程中获得了大批客户名单和信息。

2011年，深圳举办世界大学生运动会。组委会策划了一个寻找2011张笑脸的活动，把收集到的笑脸展示出来。这位总监听说了，又找到组委会，提出帮他们去寻找笑脸，得到组委会授权。于是，他的团队成员每天都上门去寻找笑脸，大多数人都很乐意，特别是喜欢提供孩子的照片。找照片的同时，自然也得到了客户的信息。

后来，他们又进一步跟商场、影楼、旅游公司合作，由他们提供各种优惠券，团队上门找笑脸的同时免费赠送给客户。有了这些优惠券，客户更加乐意配合，营销员也得到了更多的客户信息。这样就实现了多方资源整合：组委会得到了需要的笑脸照片，商家进行了免费推广，客户得到了实惠还可以展示自己的照片，而营销员获得了大量的客户资源！

由此可见，整合资源最重要的原则是共享共赢。只要能够达到互利共赢，整合资源的途径其实是很多的。所以我们一定要多了解国家的政策，留意身边发生的各种事情，看是否有机会参与。

蒙牛创始人牛根生说，企业90%以上的资源都是被整合进来的。因为整合资源比创造资源更容易，更划算。牛根生就是一位整合资源的高手，让蒙牛跑出了火箭一样的速度。他当年创业时，也跟很多人一样白手起家。没有资金和生产基地，他整合工厂，整合政府农村扶贫工程，整合农村信用社资金；没有运输车，他整合个体户投资买车；没有宿舍，他整合政府出地，银行出钱，员工分期贷款。这样，农民用信用社贷款买牛，蒙牛用品牌担保农民生产出的牛奶包销，蒙牛通过资源的合理整合，使整个北方地区300万农民都在为他们养牛。

任何企业可支配的资源总是有限的，想要实现更高的发展目标，就必须利用自己的资源与他人进行交换与整合。公司领导有一些独特的优势是普通员工所不具备的，可以用来为公司的经营创造良好的外部条件。比如参加名牌大学、商学院的EMBA班学习，参加各种协会、商会组织的活动，还有政府或民间组织的各种论坛，甚至有机会成为人大代表、政协委员，这些机会都可以接触到很多的高端资源。把这些高端资源进行有效整合，就可以为公司所用，提升公司的品牌影响力，获得更大的市场空间。

有些代理人与政府部门有业务往来，有些代理人认识一些企业家，还有些代理人熟悉高校，作为领导者就要善于整合与配置这些资源，利用这些资源为公司的业务开拓、项目建设服务。比如，可以利用当地政府的相关政策争取到政府的某些支持，通过与某些行业协会的合作及与相关企业联手组织各种活动，来为公司开拓市场。

很多人说134号文件下来，我们只能做卖健康险一件事，这是不对的。现在我们公司突出期交任务，但是我们在实际经营中并不局限于期交产品做到多少。现在我们国家大力发展养老、生态旅游等产业，包括2020年要办冬奥会等，这些都是保险业的机会，意外险就是很大的市场。

当然，这种调动资源一定要把握分寸，严格在合法、合规的范围内进行。如果出了界，则可能引发恶劣的后果，那个责任就不是个人能承担的了，最终还是公司的损失，领导者自然也要承担责任。

某省公司本来经营得很不错，曾创造了令行业瞩目的发展速度，夺取了全国系统“三连冠”。但是由于重发展、轻管理，机构领导也扭曲了政绩观，为了盲目追求经营业绩发生了严重的违法事件，最终几位领导受到了法律制裁。不但前面的努力都付诸东流，而且严重影响损害了公司形象，恐怕要好几年才能重新站立起来，实在是得不偿失。

十七

用创新思维开拓新领域

作为领导者，需要具有超前的创新思维，高瞻远瞩地去引导和推动创新，并为此创造必要的条件。

创新是一个民族进步的灵魂，是一个国家兴旺发达的不竭动力，是推动人类社会科技发展的主旋律。

中华民族自古以来从不缺少梦想与创造。如果说嫦娥奔月是美丽的神话，那么明朝的万户自制火箭宣示着逐梦的决绝，近代的冯如为“壮国体，挽利权”研究制造飞机不惜粉身碎骨。

一个国家、一个民族只有不断创新，才能在激烈的国际竞争中始终处于领先地位。反之，就必然落后于时代。

保险本身就是人类一项伟大的制度创新，而寿险代理人营销模式也是一种先进的机制创新。这两大创新的结合推动了保险业的蓬勃发展，使其彰显出旺盛的生命力。市场竞争需要依靠创新来增强活力。

从理论上讲，人人都可以创新。新时期中国保险四十年的发展中，有很多创新的做法都是由普通的从业人员在实践中摸索出来的。具体到展业的技巧和方法，乃至话术和工具，大部分都是我们的代理人通过不断的尝试、总结、改进，从而一一优化，推广开来。正像毛主席说的："人民群众的智慧是无穷的！"

作为领导者，更需要具有超前的创新意识，高瞻远瞩地去引导和推动创新，并为此创造必要的条件。

现在国家提倡市场多元化，号召大众创业、万众创新，我们的销售人员要有比较超前的市场意识，要对客户源和市场进行研究。中国保险业经过几十年的快速发展，市场环境已经发生了很大变化。现在的客户和以前不一样，以前的客户你讲他听就行了，现在的客户往往会主动提出他们的看法，所以我们要主动跟客户沟通，比如人生的保障和投资风险，以及如何管理自己的财富，等等，让客户觉得保险真的能帮他规避风险，觉得这是一种很好的理财工具。这和市场是有必然联系的。

现在大多数的代理人也就知道卖产品，缺少创意性工作。很多人还停留在找家人、朋友、同学、亲戚的传统思维上，这是不够的。作为经理人，更要有超前思维，引领代理人把工作做在前面。

我们要对产品加以宣传，让公司的产品名声在外，其实这是有很多方式的。比如很多企业都有会议，我们可以利用这些会议进行切入。现在网络很发达，网络销售也是一种新的形式，还有多媒体也是很好的方式。我们可以在企事业单位、街头、地铁站等不同的地点和场合进行产品宣传，塑造保险服务企业、服务民众的形象。

保险对于高危企业、重污染企业尤其重要。只要我们宣传到位，时间长了，大家自然而然就会接受。总之，我们要跳出保险看保险，这才能彰显保险的社会属性和独特价值。

可是，我们很多经理人都是在看上级的脸色行事，工作只是配合公司的安排，缺少主观能动性和创造性，不求有功，但求无过。我们要认识到，时代在发展，市场竞争如逆水行舟，故步自封必定落后。作为领导者，要有“无功就是过”的进取心和创造力。

产品创新对于保险公司是一件很重要的事情。一个公司有团队、有渠道，如果没有很好的产品，市场就不会活跃。目前我国保险业在产品创新方面还做得很不够，导致产品同质化十分严重，一个好的产品上市了，其他公司都跟着学。一家公司的产品卖得好，所有的公司都开始模仿这种产品。而针对儿童、老人、工薪族的保险产品，尤其是医疗保障、重疾保障的开发还远远不够。

产品开发是总公司的事，但是各级机构更接近市场，了解市场需求，因此应该做充分调研，给总公司好的建议。

再看营销渠道，大多数企业都只停留在做一点保费业务上，一些领域和行业性的开发还远远不够。

我去日本学习的时候发现，日本有很多公司针对各个行业设计了特定的保险，比如说军队，就由某一家保险公司有针对性地进行承保。还有教育、医疗、大型企业等，这些领域的保险做得很有特色。相比而言，中国保险业对渠道的开发还远远不够，未来跨领域保险在中国一定是很有市场的。这需要我们更多职业经理人共同努力，来发挥自己的创造力！

十八

让管理和营销更有新意

过去的销售和增员通常是对立的，现在随着市场的变化，两者正在逐渐走向融合，很多客户也可以成为增员对象。

职业经理人是公司的管理者，管理是本职工作。管理水平的高低直接决定了其经营业绩和队伍的凝聚力。

管理就是管人。这几年，中国保险业人力增倍，自 2015 年起，营销人员三年间翻了一番，达到了惊人的八百万（当然，这其中有相当一部分平时没有什么活动量）。按这个数字计算，不少营业部的总监、经理团队也实现了人力翻番。以前管五百人，现在可能要管一千人。这是好事，也是难事。

除了人力的增长，人员结构也发生了很大的变化。通过这几年的大增员，80、90 后的新生代已经成为营销队伍的主体。相比上一代，这些年轻人的文化层次更高，也更有主见和个性。作为在互联网环境下成长起来的一代人，他们更能适应这个时代的生活和展业方式。可是我们的管理者却是60、70后为主，这中间就产生了代沟，自然带来了管理的难度。以前的管理方式可能不管用了，需要进行管理和营销创新。

有一家保险经纪公司，MDRT（百万圆桌会议）达成率非常高，几乎占到了营销员的近三成。他们为什么这么优秀呢？其中有一个很好的创新做法，为公司吸引了很多高端客户和高端增员。他们每个周六上午都要举行一场财经讲座，雷打不动。这个讲座很专业，通过对一周内全球及国内经济形势分析，帮助人们投资理财，树立正确的投资观念。为了让讲座专业、权威，公司专门成立了一个小组，几个人一起负责收集各大主流媒体的财经信息，然后进行分析。同时，还会邀请公司外的专业人士来做讲师。

讲座中他们从不讲公司的产品，更不做销售，只做纯粹、专业的财经分析。由于没有被推销的压力，而且能学到专业的知识，很多人都愿意来。有公司的营销员，有他们邀约的客户，也有其他保险公司或者从别的渠道了解的人，甚至会邀请家人、朋友一起来，几百个座位几乎场场爆满。久而久之，他们对保险、对这家公司有了更多的了解和信任，有很多人成了公司的客户，也有很多人被增员进来。

过去的保险销售都是代理人挨家挨户敲门，或者去写字楼寻找客户。现在代理人可以足不出户通过互联网跟客户交流并销售产品。后来为了增强客户的体验感，公司也参与进来，开大型的Party（社交聚会），组织旅游、参观及各种公益活动等，这样可以让客户进一步了解公司的实力。同时，公司也会搭建产说会平台，邀请业外的专业人士来为客户讲授和解答他们关心的问题。公司的参与大大提高了客户的信任度，签单率也迅速上升。

市场在不断地变化，营销也需要不断地改进和创新。我们公司现在不定期举行老客户分享会，同时邀请很多新客户来参与。在现场老客户会分享自己买了保险以后有些什么服务，得到了多少保障，这样的现身说法对新客户来说无疑就是一剂强心针，效果很好。

此外，我们的代理人也会给客户过生日。尤其是对于长者，这让他们的家庭成员感到很温馨，同时引起他们对保险的兴趣。有的为自己办了健康险，有的为孩子办了教育险，为经常出门的儿女办了意外险。

我们公司也经常举办各种联谊活动，为大家搭建了交流交友的平台。实践证明，联谊活动是比较受客户欢迎的，在这个联谊会上可以介绍产品，也可以对政策进行宣导。

保险营销，事实上包括销售和增员两个核心内容，而增员最终也是为了销售。过去销售和增员通常是对立的，比如与客户的沟通话术和与增员对象的沟通话术是不一样的。对客户讲的是保险能为他解决什么问题，带来什么回报；对增员对象讲的是保险能带给他财富和成功。但是，现在随着市场的变化，两者正在逐渐走向融合。因为现在大家的保险意识增强了，很多客户也可以成为增员对象。因此，在营销上也需要相应的创新和突破。

有一位总监，创造了“相亲会”营销模式。这个相亲会就是帮助别人相亲，是完全免费的公益活动，每一期都有很多高素质的年轻人参与。他为什么这么做呢？因为现

在未婚的大龄青年大都是高素质、高收入人群，他们因为没有时间，或者眼界比较高，或者性格的原因，没有机会接触到合适的人，所以就给他们创造机会，组织大型的相亲会。

这个相亲会造福了别人，也回馈了自己。因为来参与的年轻人都属于高收入群体，很多人自然而然就成了客户，或者通过参加相亲会加深了对保险业的认识，最后加入进来。通过几年的运作，“相亲会”的影响越来越大，已经成为当地的一个公益品牌，很多市民都知道。

后来，一些婚纱影楼、卖化妆品的、卖首饰的，还有卖房子的、卖家具的都纷纷前来寻求合作、提供赞助，以至于举办一场大型相亲会几乎不用投入，场地和各种用品全是赞助的。

年轻人来参加也是免费的，团队也获得了大量高端客户资源，实现了保险公司、赞助企业和相亲者三赢，可谓既有经济效益，又有社会效益。这是营销创新的一个典型案例。

其实，只要我们多动脑筋想办法，在营销上一定会有很多新方式、好办法。而作为领导者，一定要有创新意识，要鼓励团队进行创新。只要是在法律和公司政策许可的范围内，就要鼓励大家进行尝试，并且要宽容失败，否则会打击大家创新的积极性。

这里需要特别强调的是：创新本身是一个中性词，并不代表创新就一定是好的、进步的。现在社会上的各种诈骗手法，特别是电信诈骗层出不穷、花样翻新，从作案者的角度讲，也是一种“创新”。我要表达的意思是，我们倡导创新，但是反对为创新而创新，更不能为了利益进行一些违规甚至违法的“创新”，这样最终会害了整个团队。

修炼篇 磨炼坚强意志

《孟子》:“天将降大任于斯人也，必先苦其心志，劳其筋骨，饿其体肤，空乏其身，行拂乱其所为，所以动心忍性，曾益其所不能。”

清代蒲松龄曾以此联自勉:“有志者事竟成，破釜沉舟，百二秦关终属楚;苦心人天不负，卧薪尝胆，三千越甲可吞吴。”

自古至今，凡能成大事者，必经过艰苦的磨砺。或是身体的苦痛，或是精神的炼狱，或是学识的求索，使体魄不断强健，精神如凤凰涅槃，技能不断精进，实现蜕变与升华。

今天之中国保险业，仍在不断调整发展之中。从业者不可有懈怠之心，当以持续创业的精神不断开拓、砥砺奋进!

十九

把职业当成你的信仰

保险行业要有团结精神、品牌意识。职业经理人要有自己的信仰，你相信这个行业，相信你的公司，相信你的上级，然后为社会服务。

这是一个变革的时代，特别是随着互联网的兴起，许多传统的生活方式被取代，许多传统的行业被迫转型，许多曾经响当当的品牌已经消失得无影无踪。

以前汇款要通过邮局，收取百分之一的邮费，又贵又慢；后来从银行转账，可以即时到账；现在通过手机可以随时随地自行操作，又方便又便宜。我们一边享受着互联网带来的便利和实惠，一边忧心互联网对自身的威胁。在互联网的时代，保险行业也发生了明显的改变。

一是代理人职业化。多年以来，一直有人在担忧保险会不会被网络销售所取代，将来或许就不再需要代理人，客户可以直接在网络上签单。经过这么多年的实践，答案是否定的。原因有很多，最根本的有两点。

第一，保险是一个既复杂，同时又很人性化的产品，通常我们与客户进行面对面沟通都比较困难，何况没有温度的互联网。

第二，保险产品不是一次性支付，它可能长达十年、二十年，甚至更久，所以需要详细咨询，获得面对面的专业解答。

现在代理人流动性很大，今天做保险，明天可能就到另外一个行业去了。但是，未来代理人的职业化一定是一个趋势。我相信未来的代理人队伍会越来越稳定，将来一定会有越来越多的人从大学毕业开始，选择将保险作为终身职业。

二是服务综合化。目前，绝大多数代理人依然停留在单纯的产品销售阶段。事实上，保险是一个专业性非常强，且极其人性化的职业。保险业涉及经济、金融、法律、医学、管理、营销、情感、沟通等很多方面，因此，保险是一份很有挑战性的工作，一名专业的保险代理人不仅需要对这份工作有极大的热情，更要具备良好的综合素质。

比如，医疗险是保险产品一个重要的组成部分，现在保险公司都有自己的体检中心，但是多数做得还不够专业，将来一定会走上专业化的路线。在欧美发达国家，高收入人群都有自己的私人医生、私人律师和私人保险顾问。随着中国经济的迅速发展，高净值人群每年都在迅速增长，将来人们一定会追求综合性的服务。

保险是一份合同，也是一份具有法律效力的契约，因此诚信非常重要。监管是维护公司的权益，很多代理人和经理人都不太懂保险法，也没有这个意识。一个职业经理人一定要懂政策，要有法律意识，要有政策底线，要通过政策解决你在经营当中遇到的问题。有一些人很浮躁，浮躁的原因是由于一知半解。

中国的经济环境非常复杂，如果善于钻研，做事就会很稳重，很谨慎。但有一些人做出一点点业绩就开始骄傲自满，甚至无法无天，不懂得谦虚，没有敬畏之心。这个行业要不断地向前发展，我们要保持谦虚谨慎，对自己的岗位要仔细研究。管理人员就要研究自己的团队，如何带好团队？如何提高团队业绩？团队中有什么矛盾，如何处理？对风险如何管理，如何把握？越钻研，就越会发现自己的不足。保险代理既要熟悉自己的产品，也要研究自己的客户，研究他们的需求点在哪，哪个产品能够满足他们的需求。

一切理论来自实践，实践后再总结理论。觉得不完美，再去实践，不断地总结和丰富理论。懂政策、善钻研、多实践，这是代理人和经理都要做好的事情，是基本的职业要求。

现在中国正在大步迈向一个新时代。习主席说得非常好："人民有信仰，国家有力量，民族有希望！"可是有的代理人和主管就不理解：自己只是一个普通的保险从业者，要有什么信仰？甚至生活中很多人半真半假地说，我的信仰就是钱，除了钱我什么都不相信。

保险是为中国经济发展服务的，作为经理人要有高度的政治觉悟。保险业要建立为民服务的意识，为民才能为自己。要实现人们对美好生活的追求，保险是可以发挥重要作用的。但是现在还有很多人没有保险，这就是供需的不平衡，也是我们的机会和市场空间。

现在很多团队都有口号，像“我们是一个家，为了一个目标”“一起干，一起赢”，等等。这些口号固然很好，能起到凝聚人心、鼓舞士气的作用，但还是浅层次的。

大多数的代理人最初可能为了佣金而来，到了后来他意识到这个工作的重要性，从而会热爱这份职业。而作为职业经理人，更要有自己的信仰。你相信这个行业、相信你的公司、相信你的上级，然后为社会服务，这样才会有一个正确的发展方向。

保险文化的根本，就是这个行业所有的主管和精英都要想想，自己为什么要干这个行业，是为了谁？这一定要想清楚，想清楚保险是为了广大客户服务的，是为他们的家庭送出保障和温暖的。你是一个劳动者，你的回报就是你的收入。

现在倡导民族精神，我们保险行业也要有团结精神、品牌意识。保险机构的管理比较复杂，因为团队的人来自五湖四海、各行各业，有体力劳动者，有脑力劳动者，有家庭主妇，有小企业主，有学生，也有老师等。从监管的层次来说，要更加规范化，维护消费者的权益。

管理实际是管人。由于代理人并非员工制，他只是代理公司的产品，所以管理起来更加有难度。代理人是直接跟客户接触的，负责公司的产品销售，收取客户的保费，这对公司来说也存在一定的风险。

那么，公司的政策方针、企业文化、团队建设等就十分重要。比如说省公司要负责研究政策、制定方案，并落实政策方案，在这个过程中，有的人理解，但有的新人可能不是很理解。支公司就要负责落实执行省公司的精神，营业部负责具体操作。哪个部门、哪个人去做都要具体化，这就是保险公司紧密的生产链。

要做到这一点，领导一定要相信群众、依靠群众。管理者和群众的关系要融洽，这样才能让团队和谐运转、高效经营！

二十

永葆创业的激情

“明知前方有困难，踏倒昆仑还向前。”这不只是一句口号，更是一种精神，一种气魄！

一位职业经理人应该仰望星空，要有情怀和境界，要有思想高度，不计较个人的利益荣辱。在经营管理中还要脚踏实地、实事求是。

职业经理人要有健康的心态，要保持一颗平常心，不要收入低就怨天尤人，收入高了又放任自己的欲望。但知易行难，平常心说起来很轻松，做起来却不容易。你觉得自己收入低，就要想办法克服困难，努力工作。如果想有很好的收入又不愿意付出努力，就不用想了，因为想了也不会凭空实现。

如果你追求更高的收入，首先要思考自己有没有这个能力，如果没有这个能力又盲目奢求，那是一种风险。你觉得自己很辛苦，那么你想想谁不辛苦？比较起来，保险行业已经很好了，别的行业可能更不容易。所以，要对自己有清醒的认识，自己要调节好心态。

一个人没有前进的动力、没有上进心是不行的，停滞不

前的时候就要鞭策自己。要对公司负责、对家人负责，要有一个正确的方向。

我是第一批从事保险工作的人。当时国家还没有形成保险体系，总要有人从没有路的地方走出一条路来，既然选择了这个职业，我就要热爱它。

当时我们在大庆开展业务的时候，经常受到嘲笑。因为大庆这个城市很特殊，作为国家重要的能源战略基地，当时大庆职工吃饭、理发、坐公交等都是免费的，一切都由国家承担。虽然受到了嘲笑，我们还是坚持宣传，说保险业是一个新兴行业，保险是一种新兴事物。其实那时的保险还没有形成市场竞争，还算不上真正的营销，只是一项工作任务，但是真的很难开展。

后来我就转变思路，我想既然大庆福利这么好，干脆去找工会，把保险作为员工的福利。那时的保险只有一块钱一份，正在给工会讲解保险时，有一个人听到了，一次买了五份。不久，有一对年轻人刚结婚就出事了，我们马上组织理赔。那时候买五块钱保险，保额有两三千元，相当于现在的二三十万。这次理赔事件在油田迅速传开了，在工人中间产生了极大的反响，买几块钱，就赔了几千，保险真是有大作用，这时他们全部都相信了！

这时，工会的领导也开始感兴趣了，就让我过去讲解这个保险，然后给员工一人买了五份。这事发生在1986年。到了1987年，我的业务得到了很大的发展，个人收保费一百二十六万元。当年全国保险行业收保费超过百万的只有两个人，我是其中的一个。

当时公司奖励我去疗养，作为一个小业务员，这是很高的待遇。不久，我年纪轻轻就成了省公司的领导。

不是我有多了不起，作为从“铁人”王进喜家乡走出来的保险人，我的骨子里始终崇尚一种“为国争光，为民族争气”的“铁人”精神。

前些年，我看了一本书叫作《部长与国家》，写的是当年“独臂将军”余秋里指挥大庆石油大会战的事迹。余秋里在战争年代失去了左臂，后来受命出任石油工业部部长，带领五万大军在极度艰苦的条件下进行石油会战。面对无路、无粮、无房及天灾人祸等重重困难，他提出了“有条件要上，没有条件创造条件也要上”的口号，发现和培育了“铁人”王进喜。经过三年艰苦卓绝的大会战，终于把中国贫油的帽子甩到太平洋，让西方列强企图用石油制约中国的幻想彻底破灭。

书中描绘大庆打出第一口油井时“像一座大山倾入大海，顿现冲天巨澜”，发出的强大声音久久回荡在空中，震撼着我的心灵。正是凭着“有条件要上，没有条件创造条件也要上”，“困难越大，干劲越大，办法越多”的创业精神，余秋里将军在工作中总是身先士卒，带头往前冲。生活中，他和会战全线干部、机关人员“约法三章”，与一线工人同甘苦、共患难。

作为大庆人的后代，我深深地体会到，一个国家、一个企业、一个团队最不可缺的是激情燃烧的创业精神！

我投身保险三十多年，经历了两个集团四个分公司，从油城大庆到冰城哈尔滨，再到泉城济南、石家庄，其中两个省公司都是创业，另外一个是浴火重生的二次创业，三个公司都创造了全国系统内的多个第一。

我上任元气大伤的河北分公司时，第一件事就是给全公司人员统一思想，重建团队精神面貌，把一切工作重心放在发展上。当时我给分公司提出了“三个三”目标：要在全省市场跻身前三名，争取在全公司业绩挤进前三，创造效益在总公司内挤进前三。

我也特别珍惜我的从业经历，至今还保存着很多过去的工作笔记、资料和照片，等等。这不只是珍惜自己的羽毛，珍惜这个老总的岗位，我更珍惜艰苦奋斗的精神，这才是最大的财富。我要把它发扬下去，继承下去。

“明知前方有困难，踏倒昆仑还向前。”我经常用这句话来激励员工。这不只是一句口号，更是一种精神，一种气魄！

二十一

直面挑战的开拓精神

在面对新环境挑战的过程中，好的心态、尽职尽责是成功的关键要素。不同的态度决定了不同的结果，造就不同的命运。

以前的保险职业经理人大多是从销售岗位提拔上来的，工作还是在自己熟悉的地方。近些年这种情况有所变化，很多经理人都是跨区域调动，面对一个陌生的市场，要求经理人有更高的思想境界和接受挑战的勇气。

当一个地方需要你，就要勇敢地去面对，不应该因为困难而逃避，困难后面也许就是机会。不去面对困难，没有强烈的责任感和事业心是不可能做好的。

经理人去一个新的地方开疆拓土必定会遇到很大的挑战。一是要远离自己的家乡，面对陌生的环境首先要克服生活中的许多困难。二是经理人的工作压力大，也比较辛苦，早出晚归，对精力和体力都是一个考验。对于女性而言，困难就更大，远离自己的家乡和亲人，衣食住行都变得很不方便。但是我们看到很多优秀的女性经理人勇于挑战、乐于奉献、恪尽职守，将团队经营得风生水起。

区域经理分为好多种。第一种是代理人出身，这是比较传统的一类，而且以女性居多，她们大多经济压力大，比较吃苦耐劳，但整体素质相对比较低。第二种是来自于企事业单位，因为朋友的介绍加入这个行业，经过一定的培训，综合素质相对要高一点。还有一种，他们是这个行业的销售精英，他们的个人能力非常强，接触的多是比较高端的客户。

区域经理选拔的渠道是多样化的，其中一个重要渠道就是从基层选拔优秀的主管，也有的从讲师、组训中选拔，还有部分从刚毕业的优秀大学生中脱颖而出。大学生虽然没有保险从业和管理经验，但是只要他正直可靠、文化水平较高、表达能力也不错，也可以给他机会。如果他在实习工作中能够找到方法、团结组员，就可申请让他担任经理。

有些人对带团队有很大的热情，他认为在这个工作岗位上更能实现自己的价值。但是有的可能更喜欢做营销，认为业务更适合自己。我们管理者就要根据具体情况而定。

有一个年轻的经理人，本身也比较优秀，但因为跨区域调动，没有及时调整好心态，没意识到这次机会是对自己很好的锻炼，反而产生抵触情绪，消极面对，造成工作上的失误，最后离职而去。这是让人非常遗憾的事，不仅辜负了领导的信任与培养，同时也丢弃了自己的大好前途。

相反，另一个部门经理，也是刚刚调过来，论个人能力并不是很强，但她很珍惜这个岗位，工作非常有责任心。她懂得依靠组织，而且还善于借力，后来得到公司的财力支持。同时因为她工作态度认真，凡事同团队及时沟通，广泛听取大家建议，很快在这个区域打开了局面。在这个过程中她的能力得到了全面提升。

我刚调来河北担任总经理时，也曾面临巨大的困难，可以说是临危受命。那时候石家庄的雾霾特别严重，晚上都要戴着口罩，拍出来照片基本是黑乎乎的，看不到灯光。站在办公室，有时连对面街道的楼房都看不见。当时我曾经想过，环境这么恶劣，我为什么要来？可不可以不来？后来又反思：出了这么大的事，公司为什么调你来，不是对你的一种信任吗？这不是因为别人做不了，才让你来吗？这不正是你为公司创造价值，同时也是进一步实现自我价值的机会吗？这么一想，自己能来也是一种幸运，并不是人人都能遇到这样的机会。

这心态刚调整好，组织又来人找我谈话，说这里原来的趸交业务是全国数一数二的，占比达到97%。我在心里反驳：趸交业务占97%是根本不可能的事，简直是天方夜谭，这不是可以在短期内实现的事。但是生气归生气，最后还是要努力工作，因为全河北有七百多家寿险机构，谁不是在努力奋斗呢？自己毕竟是党员，是干部，毕竟组织培养自己这么多年，工作了三十年，我不能被眼前的困难吓倒。最后我坚持下来，并且努力做到了，因为这就是工作，这就是挑战。

在这个过程中，我们可以看到，能力并不是最重要的，好的心态、尽职尽责才是成功的关键要素。办法总是人想出来的，当你努力负责地工作，大家是看得到的，都会来支持你，众志成城就没有打不开的局面。不同的态度决定了不同的结果，造就不同的命运。

一个经理人不能急功近利，整天只想到业绩，一定要有正确的方向和方法，工作才不会跑偏，才能扎扎实实带好自己的队伍。因为区域经理的工作需要有自己的思路、自己的观点和主张，并且要组织实施。绝不能再停留在个人做业务的阶段，只想着自己的一亩三分地。

一开始，团队成员可能认为方向是对的、路也是对的，但是实施过程中短时间内可能看不出明显的成绩，有些人可能就会开始怀疑。这个时候区域经理要相信自己，坚定不移地前进，坚持一段时间以后就会看到效果。这时大家也有了信心，因为以前没有想到的事情现在想到了，以前没有做到的事情现在也做到了。这时候大家就会开始信任和认可这个经理人。

这个过程是对区域经理的考验，同时也是区域经理的自我成长、努力蜕变的过程。经过几年的历练，一定会看到自己的进步。

我们在公园里或者在运动场上会看到，如果一个人站在原地不动，或者左顾右盼，别人可能当你不存在。当你大步流星地向前走，别人就会给你让路。当你全速向前奔跑，慢慢地就会有一群人跟着你跑！

二十二

具有实践和担当精神

在面对急难险重的任务时一定要挺身而出、勇挑重担。在面对问题、出现失误时不掩饰、不找借口，主动承认错误并分析失误原因。

习近平总书记说得非常好：撸起袖子加油干！习主席倡导干部一定要来自基层，军队的将军要士兵出身，政府领导也是从基层一级级做起，这样既可以积累丰富的经验，又避免急于求成。

现在政府提出要敢于工作，多干工作，同时也要有包容机制，能够包容必要的错误。因为多做工作出现错误的机率也比较大，但是也比不想干、不敢干好。一方面，我们要包容积极作为的领导；另一方面，领导者也要勇于承担责任。

一个职业经理人，要有对事业高度的责任感。在面对急难险重的任务时一定要挺身而出、勇挑重担。在面对问题、出现失误时不掩饰、不找借口，主动承认错误并分析失误原因。

负责任与有作为是相辅相成的。一个领导，如果不勇于承担责任，肯定无所作为，当然也不太会犯错误。要有所作为就要勇于承担责任，当然也可能犯错。

很显然，从领导者个人的角度讲，第一种选择比较安全。但是对于团队而言，更需要有所作为的领导来带领大家前进，共同获得成功。市场竞争以经济指标说话，也不允许有混日子的“太平官”。

领导者要锐意进取、敢想敢试，并为结果承担责任。如果事事畏首畏尾，前怕狼后怕虎，那就什么事都不敢做，什么事也做不了。

大家为什么拥护自己的主管？肯定是他有自己的魅力，他有领袖般的头脑、企业家的思维，同时对团队伙伴也有兄弟姐妹般的呵护关爱。

作为保险公司的领导，要时刻牢记履行好“一岗双责”：既要做好总经理，又要当好党委书记；既要做好公司的指挥员、战斗员，又要当好员工的教导员；既要发挥好集体领导的智慧和力量，又要在大是大非面前做出正确的判断、果断的决策。

一个优秀的经理人，一定是以身作则，凡事走在人前，吃苦耐劳。遇到棘手的事、麻烦的事，是积极想办法，而不是等、靠、要。同时要勇于担当，出了事情不能推诿，而要勇于承担责任。然后认真反省工作中的不足，尽快总结经验，积极改进。

能够成为大家的良师益友，能够让下属感到如父如兄，是一名职业经理人的成功。同时，作为经理人，一定要有感恩的心态。你的工作成绩与团队业绩息息相关，你就是团队的第一责任人。为了带领团队前进，领导要勇于实践。实践是检验真理的唯一标准，只有勇于实践才能探索出新的路径、新的方法、新的成果。我们很多好的管理方法、营销创新，都是在不断的实践中探索出来的。

2007 年，中国人寿进军财产险领域。第一家省级财产险公司定在黑龙江，公司派我去负责筹建。我们立志在元旦前开业，而当时恰是黑龙江最冷的时候，室外温度达零下二十多摄氏度，我们办公楼层也是最冷的一层。我们克服了各种困难，每人带着一件军大衣盖在腿上，最后仅仅用了四十六天就顺利开业了，完成了通常需要三到六个月甚至更长时间的筹建任务。

这不是我个人的能力有多强，一是公司领导的支持，二是团队的成员都很优秀，有奉献精神和攻坚克难的意志。作为负责人，我主要是把他们团结起来，传递给大家信心和勇气。如果没有强烈的责任心，没有敢于承责的勇气，我们就不可能这么快完成任务，并且为后面其他机构的筹建做出了榜样。

建设一个公司都有周期，我当时考虑的就是三年的规划。第一年筹建市县机构网络；第二年全面快速进入市场；第三年实现市县机构网络建设、渠道的发展。三年后我们的经营指标就会有一个良好的效果。这些设想是基于前面十几年在市场一线的经验积淀和实战心得，后来全部都实现了。至今回想起那段时光，我依然满怀感慨，一股豪情油然而生。

在我的保险职业生涯中，面对各种不同的环境，我给自己定的坐标始终是"要走在团队的前面"。初到山东分公司时，深感时不我待，每天都处于"奔"的状态，平均下来一周跑一个县。

来到河北后，有一次在去调研的高速路上发生了车祸，我在后排毫无防备，正在敲击笔记本键盘准备工作材料。车辆追尾产生了巨大的冲击力，笔记本电脑重重地摔在车上，拧紧的水杯盖也崩裂开来，水全洒在手机上，造成我腰骨扭伤，但我忍着腰痛从邢台公司调来车辆继续赶往基层调研。回到公司后，还没有来得及到医院检查，恰巧赶上集团巡视督导组来调研，我接着赶往邯郸和保定陪同领导调研，笑着对大家说："没事，死不了。"

当然，勇于实践不是胆大妄为，一定是在法律和公司制度许可的范围之内。如果"有权就任性"，超出了这个边界，就要承担相应的后果。

二十三

额外的工作是最好的机遇

工作中，每个人都有自己相应的职责，所谓一个萝卜一个坑。但现实是，我们总难免要涉及一些非本职工作的额外任务。

常常有的人会抱怨：“只拿五千元的工资，为什么吃六千块钱的苦？”其实你不能领悟，额外的工作，也许正是难得的机遇。

美国心理学家亚当斯提出过一个职场公平理论：一个人的工作动机，不仅受到当前实际收入的影响，而且还受相对报酬——即与他人相比较的劳动与报酬的影响。

美国管理大师杰克·韦尔奇在最初进入通用电气的时候，非常不喜欢公司的内部管理制度。他进通用后的第一个任务是在破败的楼房里与另外一名化学家制造一种用于化工的新材料——PPO（聚苯醚）。

当时没有人会愿意接受这样一份工作环境很差又看不到结果的工作，何况杰克·韦尔奇是毕业于美国名校伊利诺伊大学化学系的博士生呢？虽然他可以找到一份环境更好的工作，但是从小杰克·韦尔奇的母亲就教导他，任何时候都不能放弃。他最终决定留在破败的工厂，并下决心把这件事情做好。

通过一年的努力，他终于把工厂建立起来，他的工作成果也得到了公司内部的认可。但是结果依旧让人失望——他并没有得到他所期待的高薪。按照公司的标准，他只得到了一千美元的加薪。

杰克·韦尔奇这个时候才想到要辞职，离开这个官僚主义严重的公司。但经过部门负责人的劝阻和深思熟虑，他决定留下来与“官僚主义”做斗争。

与公司的上层做斗争可不是什么轻而易举的事，然而杰克·韦尔奇用了接下来的十年试图改变，最终，他成为公司历史上最年轻的董事长和首席执行官。选择了“麻烦”不仅改变了杰克·韦尔奇的职业生涯，更是让美国通用电气公司内部管理发生了翻天覆地的变化。

美国投资专家约翰·坦普尔顿通过大量的观察研究，得出了“多一盎司定律”。那些取得突出成就的人与取得中等成就的人几乎做了同样多的工作，他们所做的努力差别很小——只有一盎司，而一盎司大约只有三十克左右。

如果想要在职业生涯有所发展，那么就不能急功近利，只看眼前利益。成功和不成功时常只差毫厘，我们平时觉得可做可不做的小事，常常可能成为你最后成功的条件。

对于一个真正想在事业上有所发展、有所追求的人，是不会去区分分内工作与额外工作的。作为营销员，分内的工作就是卖好保险；作为团队主管，分内的工作就是带好团队；作为公司领导，分内的工作就是经营好企业。每个人都有各自的工作目标，可是谁给他们规定了具体的工作内容？

公司要求的，只是基本的工作任务。但是可以肯定地说，无论是营销员、主管，还是职业经理人，如果每天只满足于基本的工作，那是一种完成任务的态度，绝无可能取得突出的业绩，久而久之，一定会被他人所取代。

中国有一句老话，“功夫在诗外”。保险这份职业正是如此，因为这是一个充满生机、竞争激烈的行业。大浪淘沙，适者生存，唯有努力进取，才能获得持续的成功。

我们看到很多营销员取得了突出的业绩，却没看到他们背后参加了多少学习，拜访了多少客户。有一位大单高手，签了一份亿元保单，许多人都很羡慕她，可是有谁知道她去读了 EMBA 总裁班，还学习股权投资、家族信托、国学、茶艺……在学习上的投资超过了八十万！

其实，没有所谓的“额外”。在心理学上，不公平的心态更多的是来自主观感受。你的上司没有你想象的那么“傻”，没有任何一个管理者喜欢一个爱推脱、爱逃避责任的员工。尤其是对于职场新人，工作中根本没有所谓的分外之事。额外的工作让你在职场成长得更快，时间会证明任何工作都不会白做。所有的努力，早晚都会得到回报。

“大河有水小河满，大河无水小河干”，我们所有的工作归根结底都是在为集体做贡献，集体强大了，个人的利益和荣誉自然会水涨船高。

对于领导者而言，事实上没有“额外”的工作。由于他肩负着一个团队的责任，随时处于在岗状态。特别是面临重大任务的时候，如果他还去计算工作时间，去计较个人得失，他的团队怎么前进？领导也是人，也要生活，但是他的职业角色决定了他要付出更多。

我们看到，在公司里有很多人原来是差不多的起点，后来有人不断地升职，可能走上了领导岗位，而有的人晋升缓慢，甚至多年以后还在原地踏步。他们的差别通常并不在才能，而恰恰是在“额外”的工作。一个员工如果总是“安分守己”、斤斤计较，生怕多付出一点，他当然只能在原地踏步。

一个人要成长，一定要记住，“额外”的工作就是最好的机遇！

二十四

始终燃烧你的“斗魂”

企业经营必须有类似拳击、摔跤、相扑等格斗士那种旺盛的斗争心。“为了在残酷的企业竞争中获胜，燃烧般的斗魂必不可缺。”

保险被称为是世界上最难销售的商品，因为它没有客户体验，卖的是未来，是一种观念、一张纸，所以极具挑战性。特别在是入行初期，无疑面临着很大的压力。

正因为这样，工作的热情与团队的激情是必不可少的。我们需要通过一些活动，用团队的气氛不断地感染伙伴，加油打气，否则新人就可能掉队了。即使是老员工，也会经常面临新的困境，依然需要通过不断地鼓励，持续激发他的意愿和潜能。

“不积跬步，无以至千里；不积小流，无以成江海。”

无论是代理人，还是领导者，都需要为工作付出极大的热情。有些代理人的家人可能不支持他从事这份工作，如果说服不了自己的家人，这时候可能就要经理出面，给他们的家人认真分析从事保险的好处：一是可以为家里带来收入；二是可以提升自己各方面的能力；三还可以实现自我价值，服务客户，造福社会。

保险平时看起来不重要，可是一旦出事了就会想，当初为什么没有买一份保险呢？这些道理，家人都应该懂得，也容易理解保险是一个很好的事业。

作为代理人，要怎么点燃自己的热情呢？最好的办法就是向优秀的榜样学习，你会发现与这些优秀的榜样相比，自己还有很多不足，你与他们的差距还很大。你就会明白，没有一样东西是不经过努力就能够轻易得到的。想明白了，就会知道自己需要什么，就会产生源源不断的动力和热情。这也是一个有活动力的团队的基本要求。

日本经营之圣稻盛和夫先生说，在商业世界取胜，首先需要的就是斗魂，就是“无论如何也要取胜”“不管怎样也必须成功”的一种气势；就是摸爬滚打、不顾一切、奋勇向前的一股冲劲。他经常强调，企业经营必须有类似拳击、摔跤、相扑等格斗士那种旺盛的斗争心。“为了在残酷的企业竞争中获胜，燃烧般的斗魂必不可缺。”

稻盛和夫先生赤手空拳创办了两家世界五百强企业，并且在经济危机中挽救了日本航空公司。如今已经八十六岁了，依然在管理企业。稻盛和夫不但是杰出的企业家，也是一位真正的哲学家。他的经营哲学受到全世界众多企业家的追捧，纷纷以成为“盛和塾”塾生为荣。

在保险界，也有一位不老的传奇——梅第大师，已经九十多岁了还在做保险销售，被全球寿险界尊称为“永远的世界第一”。

很庆幸我们选择了保险这个行业，这既是一个朝阳行业，又是一个“夕阳红”的行业，它可以不用退休，只要你有客源，只要你身体健康，当然更重要的是有燃烧的“斗魂”。

如果你对自己的工作没有热情，对公司自然也没有热情，可想而知，你的团队一定没有激情，这样下去业绩很快就会下滑。相反，一个人有了很高的目标，便可以产生强大的斗志，迸发出无穷的力量。

有一家在中国经营的外资保险公司，其中有一个很优秀的团队。他们提出一个理念：保险是一种生活方式。这个团队主要开发高端客户，组建了豪车俱乐部、马术俱乐部、高尔夫俱乐部。这个团队的领导经常这样激励大家：我们要为自己的事业、梦想分期付款。要相信自己五年之后可以开上这样的车并为之努力奋斗。如果你非常喜爱这款车，那么今天就想办法买，现在就可以享受。如果你觉得今天买不起，五年之后可能还是开不上。很多人在这个观点的激励下，真的都买上了豪车。不到五年，早就把车钱赚回来了。

一个领导，要以身作则，热爱这个行业，热爱自己的公司。同时，要懂得鼓励自己的团队，让他们觉得保险是一个前景美好的行业，这个工作是可以实现自我价值。

我在2018年年初开会时激励大家：

在座的各位经理，今天大部分都是开车来的，但是你们开的车还不够好，我觉得你们都应该开着奔驰过来！你们再加把劲、努点力，有几年就可以了。你们现在就可以去贷款买车，几年下来，你们挣的钱肯定远远不止买这一部车。

所以，我们有一个共同的愿望，那就是把我们的公司经营好。公司好了，团队也就好了；团队好了，大家的收入肯定会水涨船高！

在座的各位一定有很多愿景：有的想让孩子去国外旅游，有的想给父母换一个像样的房子，有的想给自己买一台好车。但是实现这些愿望都离不开一个字，那就是“钱”！

钱从哪里来？当然是公司给你们提供平台、提供岗位，你们再通过自己的努力创造出来的。如果没有公司搭建平台、提供岗位，一切都无从谈起。所以，我们要团结起来，共同前行，实现美好的愿望！

或许是这一番激励燃烧起了主管们的斗志，当年全公司业绩完成得非常好，一举冲进了全国前列！

要鼓励员工，首先一定要了解政策，这样才能把握好方向，不会跑偏。其次要有很强的专业能力，同时还要了解公司的实际情况，这样你站的位置比员工要高，看得比他们要远，掌握的信息比他们要多，观念比他们新颖、先进，这样你说出来的话，他们才能信服。

有些经理人的专业度不够，对于行业内的一些现象不够了解，所以他说出来的观点不被下属认可，自然就起不到激励作用，甚至还可能产生负面效应，因为他们觉得你是在信口开河。时间一长，大家还觉得你一直在欺骗他们，可想而知，这个团队一定会精神涣散。

作为一名职业经理人，一旦有了强烈的工作热情，就能产生无穷的动力。他应该像一团火种，去点燃团队的火炬，把它传递到每一位员工的手中，让它生生不息地熊熊燃烧下去！

修养篇 提高综合素养

修养，古代儒家多指按照其学说的要求培养完善的人格，使言行合乎规矩。宋赵与时《宾退录》卷二："柳公权书如深山道士，修养已成，神气清健，无一点尘俗。"

修养是对内心思想和行为的改造后呈现出来的一种状态，既表现在品质、思想、理论、学识、艺术、礼义等方面所达到的水平，也表现在正确的待人处世的态度。

修养是个人综合素质的体现，也是一种无形的个人软实力，无形胜有形。法国大文豪雨果说："最卓越的东西也常是最难被人理解的东西。"

按照现在的中国社会分工，职业经理人应该算是"金领"阶层。作为职场精英，应该引领职场的风尚，加强自身修养，才能让自己成为一个高尚的人，一位受尊敬的领导，一位人生意义上的成功者。

二十五

永不懈怠的学习精神

人天生都有惰性，学习也不是一朝一夕的事情，需要长年累月不断地坚持、积累。

庄子说：“吾生也有涯，而知也无涯。”古人又说：“读万卷书，行万里路。”讲的都是学习的重要性。

现在是一个终身学习的时代，对于保险行业尤其如此。保险在中国还是一个新兴行业，相比发达国家的保险业还有较大的差距，需要我们不断地学习和探索。保险经理人作为行业的中流砥柱，更加需要不断学习与实践。我们的学习不仅仅是指保险专业知识的学习，更需要全面成长。

我是20世纪80年代加入保险行业的。那时候我们国家还没有形成保险体系，学校也没有保险专业，甚至找不到保险方面的书籍。

因为自己不是保险专业科班出身，所以对专业知识的学习总有着紧迫感。对专业知识的学习不仅是时代发展需要，也能切实提升自己的素养，为自己建立信心。向实践学习，向理论学习，系统地更新了我对在时代发展中的保险业的认识。

我只有通过广泛地学习来积累相关的知识，这是提高专业能力的重要途径。那么学习什么呢？我喜欢看一些伟人、名人的事迹，感受他们走过的艰辛历程。看起来他们离我们很远，跟我们这个行业也没有什么关联，但是他们的思想、精神、态度都是值得我们学习的。同时，我们会接触各行各业的人，医生、教师、环保人士、科学工作者，等等，如果虚心和他们交流，就会得到很多信息，同时也增加了自己的知识储备，这对自己后来的工作很有帮助。

我当时有很多爱好，除了读书，还喜欢摄影、练书法等，一方面让自己的生活变得充实，另一方面又积累了大量的知识和技能。

有一年冬天公司开研讨会，当时天特别冷，大家就开玩笑地提议表演节目来助兴。公司领导知道我爱读书，就叫我表演一个节目，于是我站起来非常认真地朗诵了毛泽东的词《沁园春·雪》。我的个子高，声音也比较浑厚，我朗诵完了，大家都被感染了，变得斗志昂扬！毛主席这首词，大家在学生时代都学过，相信很多人都能背诵。但是在不同的时间、不同的地点，带给人的感受是不一样的。当大家都冷得不想动的时候，听到“北国风光，千里冰封，万里雪飘。望长城内外，惟余莽莽；大河上下，顿失滔滔。山舞银蛇，原驰蜡象，欲与天公试比高……”这样的豪情壮志，一下子让大家打起了精神。革命前辈在艰苦卓绝的环境中顽强奋斗、前仆后继，我们也应该有敢教日月换新天的精神，天气寒冷算什么？

这虽然是一件小事，却让很多同事对我刮目相看。因为我的自身条件并不出众，当兵出身，可以说是公司的普通一兵。但是为什么我能够很快脱颖而出，后来又走上领导岗位？并不是因为我比别人聪明，无非是勤奋加好学。

也许是受到这件事的鼓舞，后来我疯狂地喜欢上了毛泽东诗词，将一本《毛主席诗词》背诵得滚瓜烂熟。

在我的电脑里，收集了四百五十个哲理故事。一有时间，我就会翻出来看一看。读着这些哲理故事，能够从中体会到很多乐趣，同时又给我以启发，让我在各种场合都可以引用，激励员工，引发思考。

毛主席就是广泛学习的光辉榜样，他只是师范毕业，后来却成为伟大的无产阶级革命家、战略家和理论家，还是诗人和书法家。毫不夸张地说，他是人类历史上最博学的人之一。他的学问和能力就来自于博览群书，并学以致用，而不是生搬硬套。他对待学习的精神和态度，值得我们学习。

我非常认同我们保险行业经常说的一句话：“成长比成功更重要。”成长就是不断地学习，就是每天进步一点点，哪一天没有学习就没有成长。

保险代理人的行业背景、学历、年龄差异性很大，所以需要持续不断全员性地学习，以提升工作的专业度。

有的代理人好不容易约到一个客户，去之前觉得准备得很好了，见到客户后却说得颠三倒四，结果前功尽弃。有的人怪罪于口才不好，有的人认为自己太紧张了，其实这都是表象，归根结底还是专业度不够，也就是学习不够。

没有人天生就能卖保险，即使是一个口才超级好的人，如果不懂得保险的专业知识，也无法成交。古人说，“读书破万卷，下笔如有神”，又说“熟读唐诗三百首，不会作诗也会吟”，讲的就是熟能生巧的道理。如果你不够专业，只能说明你学习还不够。

中国人寿的“保险皇后”刘朝霞，曾经是一位普通的打工妹，第一次参加公司演讲时，从来没有演讲经验的她不断地向人请教，找老师辅导，把演讲稿背得滚瓜烂熟，结果讲得很成功。正是因为不断地学习、不断地超越自己，后来她成为全公司连续十几年的销售冠军。

学无止境，要摸索适合自己的学习方法，不断开动脑筋，懂得灵活变通。要善于借鉴他人好的学习技巧，让自己不断进步。

在工作中很多人的起点原本差不多，但是后来差异却很大。有些人工作多年后几乎还在原地踏步，能力、业绩、收入变化不大，有些人却早已脱颖而出一马当先了，原因就在你把工作当作任务还是当成奋斗目标。如果只是为了完成任务，每天按部就班周而复始当然没有进步；如果当成奋斗目标，每天都在超越前一天，日积月累就会脱胎换骨。

人天生都有惰性，除非他意识到这个学习很重要，对自己有用，他才会努力去学习。学习也不是一朝一夕的事情，需要长年累月不断地坚持、积累。

我当初学游泳的时候，学了二十多天就拉开了和我同时起步者的差距，几年过后他们跟我还是有差距。原因何在？因为别人可能只是游着玩，既没有坚持，也没有认真投入，而我是对照专业运动员的技术动作、姿势，持之以恒地练习。这样的话，时间越长他们和我的差距肯定越大。

生活一辈子，学习一辈子。作为领导一定要孜孜不倦、全面广泛地学习。管理是一个专门的学科，更是一门庞杂的学问，需要我们用一生去求索——学做事，学做人。我们要相信，学习到的知识和技能总有一天能够用得上，而点点滴滴的成长累积起来一定是成功！

二十六

积累一定的理论知识

在保险经营中，领导者要做到“三知”：一是经营要知策，二是竞争要知市，三是管理要知情。

我们知道，保险代理人要有很好的表达能力。保险产品非常复杂，代理人在和客户沟通的过程中，要把复杂的产品简单化，让客户理解明白，客户才能放心地把保费交给你。

现在保险营销正在向专业化发展，代理人去见客户，尤其是高端客户，不可能一张嘴就谈保险，如果总是跟对方讲意外、重疾、风险这些话题，客户肯定会反感。这是低层次的展业方式。

对于高端客户，最好的方式是先找到共同语言，交流一些国家大事、政策、热点事件，等等。如果你还能就此说出一些自己的观点，肯定会让对方刮目相看，觉得你是有思想、有见解的人，自然会对你有一个好印象。这时候，你再把这些热点与保险结合起来，融会贯通，客户自然就好接受了。这就要求我们有丰富的知识，甚至是一定的理论水平。

很多人觉得理论太空洞，销售技巧才是实实在在的，一门心思学习销售技巧，甚至总想寻找秘诀、捷径。事实上，理论知识是一种指引，也是一个方向。思想永远是最重要的，我们保险事实上也是做客户的思想工作，思想通了自然就签单了。

代理人为什么需要理论呢？很多人虽然有丰富的展业经验，但是会做不会说，也不会总结，那么他的经验和做法就不能形成逻辑、观点和系统，这样就难以进步。要知道经验永远是过去式，并不代表将来一定如此，因为各种环境和条件是在不断变化的。所以，一位真正优秀的代理人，需要理论水平做支撑，这样才能够持久成功。

如果一个代理人业务做得好，而且善于总结经验，有一定的理论水平，思维开阔，有知识、有见识，那么他在客户心里的地位是不一样的，客户会觉得他不仅是保险代理人，更是一个专业的理财师，甚至是一位可以交流，能够给到建议的朋友。

在对学习的认识上，经理人应该站得更高，看得更远。一个团队如果不学习，一定是因为对学习认识上的肤浅。我们要知道，当团队遇到困难时，理论会指导我们厘清方向，走出困境，迈向成功。

现在习主席在全党提出，首先要解决三观问题，世界观、价值观、人生观。

要和平共处，就要在矛盾中寻求统一，找到大家最大的共同利益。这就是世界观。你只有认识到这些，才能在面对工作中的困难时正确处理好各种矛盾，轻装上阵。这说的是价值观。再说正确的人生观，有的人处处想到自己，没有想到为别人服务，那么就得不到大家的支持。

具体到保险经营中，我曾经倡导公司领导要做到“三知”：一是经营要知策，二是竞争要知市，三是管理要知情。

知策。当今国内外形势风云变幻，进入21世纪的中国正面临着难得的机遇，同时也遇到前所未有的挑战，现在中国的人口红利消失，中国人老龄化的程度正在加深，据相关学者预测，中国社会老龄化在未来四十年会形成高峰，这么庞大数量的人口都进入了老龄化，会加重我国经济负担。

现在国家对保险业有很多政策支持，比如进一步开放外资保险进入这个市场，鼓励群众用商业保险完善补充养老保障，等等。了解政策不仅可以提高我们的政治觉悟，而且能够帮助我们全面、准确地把握形势，对事业有所帮助。

知市。经理人一定要看清趋势，这样才能敏锐地把握市场，要及时了解国家政策、时事新闻、热点事件。

凡事先行一步，才能站得更高，看得更远。有能力的人往往是帮有勇气有眼光的人干活！而一个人的眼光是什么，就是他可以看到别人看不到的未来。

知情。经理人一定要了解公司的经营情况、经营业绩、财务报表、各个管理人员的在岗情况、业务进度，做到心中有数。

要做到“三知”，除了对本职工作的了解外，还要及时了解国家政策、时事新闻、热点事件。当然，对于公司高层管理者，还需要进一步学习哲学，例如马克思的《资本论》等。

这个行业很多好的东西，比如管理经验、产说会、组织老客户答谢会、组织春游、客户的意见等，我们没有及时收集回来进行整理、总结和反馈，目前这方面还做得很少。

我平时抓紧一切时间坚持自我学习，向书本学、向群众学、向实践学，并且注重理论与实践相结合。有许多文章在《中国保险报》《中国保险研究》《金融》等报刊上发表。

领导者要善于总结问题，并且能够抓住重点。有些经理人平时滔滔不绝，而一旦要归纳总结的时候就讲不出来了，只好草草布置工作就完事。一些团队和很多职业经理人之所以有动力，是因为能够在工作方法上不断推陈出新，不断地研究，这样才能得到团队的支持和信任。

二十七

培养领袖般的影响力

一位卓越的领导者，就是一个团队的领袖，具有一言九鼎的威信、一呼百应的号召力。

在单位里，有些领导德高望重，深孚众望；有的领导却让人敬而远之，不能服众。

如果下属对上司只是服从，实际上是服从他的职权。当他离开这个位置的时候，下属会感到如释重负，甚至暗自庆幸。而一位真正具有人格魅力的领导，会让下属从内心里敬佩，心甘情愿地跟随。他可能也会怕你的批评，然而当你离开时，他会倍感失落，甚至要追随你而去。这就是管理上的“非权力性影响力”。

非权力性影响力是由领导干部自身素质形成的一种自然性影响力。与权力性影响力不同，非权力性影响力既没有正式的规定，没有组织授予的形式，也没有合法权利的命令与约束力，它是以个人的品德、才能、知识、感情等因素为基础形成的，但其影响力却比权力性影响力广泛、持久得多。

一位有威望、能服众的领导人，一位优秀的职业经理人，必定有着卓越的人格魅力。而领导者的人格魅力并非与生俱来，需要长时间的修炼和自我成长。

管理学上经常会问到一个问题：一只羊带领的一群狼与一只狼带领的一群羊，哪个更强？也许这个问题很难找到明确的答案，因为本身就是假设性现象，但是能充分说明一个领导的重要性。一支队伍强不强，关键看领头者的精神、气质、决心与魄力。

一位领导能不能服众，不但要有能力，还要有威信。仅仅有能力，还未必有威信。既有能力又有威信，那就是领袖般的影响力，你的下属会心甘情愿地跟着你跑，再带动全体成员向前冲。

能力和威信是一种辩证的关系，有些领导在专业能力方面可能弱一些，但是具有很强的领导力和人格魅力，让下属敬重。有些领导虽然专业能力比较强，但是领导艺术和管理能力弱一些。

历史上的刘邦和刘备，普遍被认为个人能力较弱，但是都有一大班有本事的文臣武将死心塌地跟着他们干。现在很多管理课程都推崇《西游记》中的唐僧团队。师徒四人中，唐僧似乎是最没有本事的，甚至有几分迂腐、忠奸不分，但是唐僧却是这个团队的定海神针，如果没有他，这几个身怀绝技却整天吵吵闹闹的徒弟恐怕没有三天就散伙了。

刘邦有图谋天下之心，善于用人；刘备有复兴汉室之志，以德服人；唐僧有百折不挠的意志和坚定的目标，他们具有领袖般的影响力，所以有一众人才追随，最终成就了一番大事业。

历史上最有影响力的领袖当属毛泽东，他不但自己能力超群，而且有着远大的目标、博大的胸怀、前瞻的眼光、高超的领导艺术，因此才能带领一支有信仰、有目标、有纪律的队伍，建立一个崭新的政权。

阿里巴巴创始人马云，如今已经成为有世界影响力的企业家，而当初他也是白手起家，凭借自己超前的眼光、执着的精神及无与伦比的鼓动能力，引来了“十八罗汉”，凑了五十万元创业资金，后来又说服日本首富孙正义投资，这才成就了今天的阿里巴巴集团。

作为职业经理人，我们可能无法与这些杰出人物比肩，但是可以从他们身上受到启发，不断地修炼自己，提升自己的领导能力与人格魅力。

一位卓越的领导者，就是一个团队的领袖，具有一言九鼎的威信、一呼百应的号召力。这种领袖的魅力不是与生俱来的，既来自你超越普通员工的思想高度与远见，也来自你平时工作中的点滴细节，需要我们长时间去修炼。所有的领袖人物都是从群体中走出，经过长期的实践脱颖而出的。

一个有人格魅力的领导，一要敢于承担责任，二要敢于挑战市场，三要有好的工作作风。

要敢于承担责任。既然坐在领导岗位上，就要有高于普通员工的觉悟，要有强烈的担当意识，面对重大原则问题要立场坚定、旗帜鲜明。担当的本质要求是坚持原则、认真负责，做到守土有责、守土尽责。不能遇到矛盾就往外推卸责任，一有问题就大惊小怪，一听到基层诉求就跟着喊困难。如果他总是说“经营不好、队伍不好、渠道不好、环境不好……”那么，先问问自己合不合格。担当的背后是品格、是能力，敢于担当就要做到自身硬。

要敢于挑战市场。我们必须清楚认识到公司当前讲什么、杜绝什么，清醒认识到机构上下必须统一思想、步调一致，各部门通力合作、积极主动配合，变不利因素为有利因素。既不能因循守旧，也不能有“等、靠、要”思想，而要树立时不我待的紧迫意识，要有“自身振作带队伍、集体振奋抓发展”的开拓意识。

要有好的工作作风。一个人的工作作风，决定了他的工作业绩，最终也决定了职业生涯的成色。因为作风也是一种态度。我仔细观察过那些平时开会偷偷玩手机、打瞌睡的人，十有八九工作不认真。

好的工作作风主要体现在三个方面。第一，不空谈，喜欢夸夸其谈的领导多半工作不到位；第二，思想要正，充满正能量，在大是大非的问题上有正确认识，能够坚持原则；第三，要团结群众，与群众形成鱼和水的关系。

团结群众就不要讲排场，外出时要轻车简从，不要搞什么欢迎仪式，让大家都放下工作来欢迎你，你却走走过场，讲了一堆空话走了。有些代理人本来约好去拜见客户的，为了欢迎你耽搁了，谁为他们的业绩负责？所以，作为一个职业经理人、一个领导，尽量不要给团队带来麻烦。下到基层，就认认真真地讨论工作，解决问题。可以跟员工一起吃盒饭，大家一看，这领导没有一点架子、工作作风扎实，自然会尊敬你、拥护你。

我们过去都读过《任弼时同志二三事》这篇文章，其中讲到任弼时同志有“三怕”：一怕工作少，二怕麻烦人，三怕用钱多。这体现了一个党的高级干部的优良作风，是我们所有企业的管理者、职业经理人学习的榜样。

二十八

成为员工的思想导师

领导者传播的是思想和观点，是迷茫时指明前进的方向，是低谷时拨云见天，是关键时刻的加油打气。

“长江不择细流，故能浩荡千里。”对于一名领导者，要以开放的心态接受新事物，以包容之心对待员工。一位好的领导者，不仅是员工工作上的领导，更应该是下属成长路上的引路人。

我看到一家保险培训机构提出了一个理念，“做讲师型主管、导师型领导”，我非常认同这个观点。

作为保险团队的一名主管，你可能不是一名专业讲师，但是至少能够在团队内部熟练地给大家进行授课、讲解。讲行业、讲公司、讲产品、讲怎么做销售，还要能回答大家的疑问。所以，我们从代理人转型主管的，一定要培养自己的授课能力，否则很难带好团队。成为讲师型主管，可以全面提升你的内部培训能力，相应地也提升了管理能力。同时，由于提升了沟通能力，相应地也提升了个人的成交能力。

而作为中高层领导，更应该是全体员工的导师，是思想的传播者，是方向的引领者。你站得比别人高，见得比别人多，经历比别人丰富，理应比员工更有远见，更有胸怀，更有定力和大局观。在集体里，你扮演的角色应该是为员工指明前进方向，是低谷时拨云见天，是关键时刻的加油打气。这就要求领导者本身要有思想，有独特的思考和创新的思路。如果自己都迷茫，如何带领这么多人向前冲呢?

要做一个好的导师，必须具备说和写的能力。说和写是表达思想和观点的两种形式。前文关于领导者的演讲鼓动力中提到了领导者的演讲技巧，训练演讲技巧固然重要，但是更重要的是讲话的内容，这需要长期的积累和修炼。

领导讲话的最高境界是形成自己观点和思想。马云之所以能够成为商业领袖，因为他提出了很多独特的商业思想和精彩的观点，像“新商业文明”，等等，因此受到很多人的追捧。另一位杰出的企业家马化腾，他的优势主要体现在专业上。

在保险业，也有很多有思想高度的导师，比如平安保险的创始人马明哲。他不但带领平安保险进入世界前列，而且有很多独特的思考，是一位很有远见的领导。每每在关键时刻，他都能通过自己的观点去影响员工。作为企业掌舵人，在庆祝平安保险成立三十周年这样重要的讲话中，他简单直接地说："我是一个保险营销员。"一方面是理直气壮地为营销员正名，给他们加油打气；另一方面也指明了今天的保险业依然是以营销为主导，表达了企业的经营思路。后来这句话被很多媒体和保险营销员迅速扩散开来，相当于为行业做了一个大广告。

近年来，保险业提出了"保险企业家""自主经营"等观点，已逐渐形成了行业共识。

一个优秀的职业经理人，一定要有思想和激情，要用自己的思想去影响团队，用自己的激情点亮团队的热情。

何谓思想？其实思想就是思考和想法。先有自己独立的思考，继而形成自己的想法。

思想来自哪里？来自平时的学习和积累，平时多了解政治、经济、历史、文化等各方面的知识。当你的知识足够丰富，自然会有自己独到的思考，进而形成自己的想法。同时，思想也来自杰出的人物，可能是历史上的伟人，可能是社会上的先进人物，可能是各行各业的精英，也可能是同业典范，能够从他们身上获得力量。

正确的思想一定是以国家、行业和公司利益为出发点，激情一定是来自强烈的责任感和对行业、对事业的热爱，并通过语言和文字来表达和传播。

一个优秀的领导，应该具备一定的写作能力。很多优秀的企业家都留下了充满思想和力量的文字。华为的创始人任正非写过一篇《华为的冬天》，虽然不是长篇巨作，但是文章里有很多独特的思考和警示，被华为人所铭记。

我们虽然没有这些杰出企业家的才能，但是作为一个职业经理人，一定要具备自己写讲话稿、总结报告的能力。虽然公司里一般会有专职的文秘人员，但是他们并不能完全为领导代劳。何况很多小公司和团队，文秘人员本身的水平有限，写作对于他们只是在干一种技术活。领导的讲话和报告中，不但有自己的思想和观点，而且带有个人的风格，甚至言语之中还会有温度。如果把这么重要的事情都交给文秘人员，不但很难表达到位，甚至还可能会歪曲原意，这个责任由谁来负呢?

对于重要的讲话稿，一定是领导亲自撰写。如果篇幅比较长，可以由文秘人员协助进行文字的润色和校对，但是主体内容，特别是重要观点必须是领导本人的。这时候，你所表达出来的，一定是比普通员工更有高度，更有见地，更能鼓舞人心，给人希望和力量。

这也是我本人多年来的实践和体会。

说和写，是思想的传播，也是行动的号召。作为员工思想的领导者，必须修炼出这两项必不可少的重要技能!

二十九

追求你的意趣人生

很多有成就的大家，不仅本职工作干得很好，在其他领域也有深厚的造诣。这些兴趣爱好一方面丰富了他们的内心世界，另一方面也有助于他们更好地从事本职工作。

曾经听到一位老师讲课时说："任何幸福都是需要自己去创造的。所以，我们不要纠结，当我们工作的时候就不要想家庭，专心工作；当我们回归家庭的时候就不要想工作，安心于家庭生活。当你坚持这样做，你将发现你的幸福指数会高很多！"

作为职业人士，有时候可能会身不由己，这就需要平衡人生。如果在工作的时候一心想着家庭，在家庭生活中又担心工作，这样总是心不在焉，既没有工作好，也没有生活好。

所以，平衡工作与家庭，要做好时间分配，也要调整好心态。当你的心态调整好了，你全心全意去陪伴你的家人时，你就会发现效果非常好，家人也没有那么大意见了。

工作需要认真，但是不能板着面孔生活。在生活中，我们更应该做一个有情趣的人。很多有成就的大家，无论是政治家、艺术家、文学家，还是企业家，他们不仅本职工作干得很好，在其他领域也有深厚的造诣。这些兴趣爱好一方面丰富他们的内心世界，让生活变得充满乐趣，另一方面也有助于他们更好地从事本职工作。

很多科学家都喜欢音乐。钱学森的夫人是中国著名音乐教育家，袁隆平能拉一手小提琴。这些艺术修养，既丰富了他们的精神生活，在繁重的工作之余让心灵得以净化，同时也给了他们灵感，对工作有所启发。而我们现在很多领导，工作之余却沉迷在饭局和牌局当中，精神生活十分苍白。

前些年，有一个保险公司成立了一支交响乐团，我觉得非常好，而且应该在公司进行推广，培养员工的艺术审美能力，从总体上提升员工的修养。

在这方面，外资公司值得我们学习。前面说过一家外资公司的营销团队成立了豪车俱乐部，同时他们还有高尔夫俱乐部、马术俱乐部、爵士舞俱乐部，都是一些高雅的运动和艺术。豪车人人爱，很多营销员都喜欢比车、晒车，将开上豪车作为自己的梦想和对组员的激励，但是有几个人会喜欢交响乐、爵士舞、马术？艺术对人有着潜移默化的影响力，能够逐渐改变一个人的内心。这位团队长说，“驭马才能心正”，他从马术中悟出了许多道理，而这个团队接触的客户也大多是高端客户。

作为公司的领导，应该有一些高雅的情趣，培养自己的审美能力。有时间的话可以欣赏一些高雅艺术，能够净化我们的心灵，同时也为员工做出表率，从而提升团队整体素质。

我个人比较喜欢摄影。记录是生活的一部分，摄影能把大千世界的精彩瞬间记录下来，让生活充满情趣。

早在部队当兵的时候我就经常拍摄，到现在还保留着很多20世纪80年代拍摄的资料。多年来，我喜欢将名山大川，身边一些好的风貌、情景随手拍摄下来。早年是用照相机，现在多数时候用手机，或者拍照，或者录像。但是如果是休假或者外出旅游、开会，我还是会带上照相机。用照相机和手机感觉是不一样的，就像不同的工作岗位。手机人人都有，随手能拍，比较轻松随意。一旦背上一台相机，就肩负了沉甸甸的责任，就是一个重要的岗位，你一定会特别专注、认真，力求拍出最好的效果。

对于有意义的活动或者好的风景，我还会对照片进行后期加工，会使用比较好的软件，把照片和视频制作成特效保存下来，或者发给送朋友、同事，让生活留下美好的记忆。每次他们收到后都会啧啧称赞，没想到大多数年轻人都不会的技术，我居然能用得这么纯熟。

近几年，我开始学习书法，一有时间就练练笔。我也建议管理者可以抽时间练一练书法，在黑白线条中领略广阔世界。学习书法有很多好处，一是可以让自己静下来，修身养性；二是在临摹诗词的过程中，可以培养高尚的情操。

我已经快到退休的年龄，为了让退休后的生活丰富而充实，现在我又在计划学英语和钢琴。我们这个年龄的人，都没有什么英语基础，生活中接触得也很少，学起来当然会很吃力。但是学好了英语，外出旅游也会方便很多。钢琴是指尖运动，也可以锻炼思维。以后退休了，时间相对充裕，可以把学英语和弹钢琴当成一种乐趣。

对于热爱生活的人，时间并不是借口。只要你热爱，你就一定行！

三十

“四道哲学”为保险业开太平

保险代理人追求不断“优术”，职业经理人更需要“弘道”，以“天道酬勤、地道酬善、商道酬信、业道酬精”为中国保险开太平！

本书的开篇，提出了中国保险业的四大困惑。要解决这些问题，一方面要从制度入手，进一步完善行业规则，净化市场环境；另一方面，要切实提高从业人员素质，特别是经理人的素质。

企业经营的主旋律一定要紧随国家发展的主旋律，作为职业经理人首先要专业，从低层积累经验。一个专业的经理人一般要经过五年锻炼，甚至十年的沉淀才能真正胜任这份工作。

销售是术、经营是法、文化是道。如果说几百万保险代理人追求不断“优术”，那么我们的经理人更需要“弘道”。领导者要从传统文化的思想宝库中寻找管理智慧，求大德、行大道、做大事。

当下的中国保险业，应该弘扬“四道哲学”精神。所谓“四道哲学”，是指天道酬勤、地道酬善、商道酬信、业道酬精。

“天道酬勤”取典于《周易》卦辞“天行健，君子以自强不息”和《尚书》“天道酬勤”，昭示勤奋逆转人生的真谛。

晚清中兴名臣曾国藩，天赋并不高。年少时在家读书，有位梁上君子潜伏其家中，希望等曾国藩睡觉后下手，可是等了半夜曾国藩还在翻来覆去读那篇文章。贼人大怒，跳出来说：“这种水平读什么书？”立即将那文章背诵一遍，扬长而去！曾国藩并没有受打击，仍然勤奋好学，终成一代圣贤。曾国藩有言“天道忌巧”，就是说人生不要想投机取巧，要有守拙的功夫。大概也是对自己人生的总结吧。

“地道酬善”亦出自《周易》卦辞，“地势坤，君子以厚德载物”，寓意助人行善，逢凶化吉。

晚清时期，一商人在生意中惨败，需要大笔资金周转。为了救急，他主动上门找到胡雪岩，愿意低价让他收购自己的产业。胡雪岩查实后，却按正常的市场价来收购。那位商人惊喜而又疑惑，实在不解胡雪岩为何到手的便宜都不占。胡雪岩笑着对他说，自己只是代为保管他的这些抵押资产，等他挺过这个难关，随时都可以来赎回属于自己的东西。商人万分感激，对胡雪岩深感敬佩，签完协议后含泪而去。

商人走后，胡雪岩的手下也十分不解，纷纷问他为啥送上门的肥肉都不吃，偏要多给对方银子。胡雪岩便讲述了一段自己的遭遇：他年轻时在店里当小伙计，经常帮东家去催债。有一次赶往一户债主家中时遇上大雨，好在他随身带了伞。当时路边有一个陌生人被雨淋湿了，于是他便帮人家打伞。后来，他常常在下雨时帮一些陌生人打伞。时间一长，那条路上认识他的人也就多了。有时他没有带伞，也会有他帮过的人来为他打伞。

说完胡雪岩笑了笑："你肯为别人付出，别人才愿为你付出。刚才那位商人的产业可能是几辈人慢慢积攒下来的，我要是占了他便宜，人家可能一辈子都翻不了身。这不是投资，而是救人，到头来交了朋友，还对得起自己的良心。谁都有困难的时候，能帮点就帮点吧。"

众人听后，都沉默不语。后来，那个商人前来赎回了自己的产业，胡雪岩因此又多了一位忠实的合作伙伴。这之后，人人都知道了胡雪岩的义举，官府百姓都对他尊敬不已。胡雪岩的生意也好得出奇，无论经营哪个生意，总会有人帮忙，也有数不清的客户来捧场。

胡雪岩的举动，是"地道酬善"的生动体现。不在别人遇到危难时袖手旁观，更不要落井下石、趁火打劫。肯为别人打伞，才是一生最大的财富。人生在世，并不是充满竞争和掠夺，更多的是共赢。有了这种人格，人生定会收获物质和精神的双重财富。

"商道酬信"出自《论语》"民无信不立"，反映诚信经商，无往不利。著名的老字号药店同仁堂门口有一副对联：

“炮制虽繁必不敢省人工，品味虽贵必不敢减物力。”揭示的正是其百年兴盛之谜。

“业道酬精”典出韩愈《进学解》“业精于勤，荒于嬉”，揭示了勤学苦练、术业精进的道理。东晋王献之少年时代即跟着父亲王羲之学习书法，写干了院子里的十八口大水缸，后来其书法造诣不仅继承其父的修为，也开创了一代新气象。

在全球化竞争的时代，各行各业都在提倡工匠精神。随着中国保险业向专业化发展，工匠精神一定是竞争的利器。

中国寿险业的发展趋势，将走向“三合而利”，即合规经营，协调发展；合理规划，稳健发展；合作有序，健康发展。在这种趋势下，企业经营将更加职业化、依法和诚信，这就要求代理人必须懂政策、善钻研、会实践，如果做不到这几点，将会被行业所淘汰。

在这种趋势下，公司制度将更加严格。制度是标准，人是根本。无论是对于企业还是个人，都需要坚守“四道哲学”。

“天道酬勤、地道酬善、商道酬信、业道酬精”是中国传统哲学的经典表达。得其精髓者，不仅可独善其身，也能兼济天下。对于快速发展的中国保险业，也不啻为一剂良方。

北宋时期著名思想家张载曾写下“为天地立心，为生民立命，为往圣继绝学，为万世开太平”的名句，成为历代士大夫修身的座右铭。

当前，中国保险业正处在大发展与大转型的十字路口。中国保险业的发展需要国家政策的不断完善，需要社会各界的支持，更需要数百万保险从业者的共同努力。作为行业中流砥柱的保险经理人，更担负着“为企业立心，为客户立命，为行业继绝学，为百姓开太平”的神圣使命，任重而道远，艰巨而光荣！